일본어 음성교육

이향란(李香蘭)

日本 쓰쿠바대학(筑波大学) 연구생
日本 도호쿠대학(東北大学) 석사·박사과정 졸업(문학박사)
원광대학교 사범대 일어교육과 교수(현재)
2001년도 임용고사(일본어) 출제위원
전공분야 : 일본어음성교육·일본어음운론

주요 저서

- 『악센트중심 애니메이션 日本語會話』제이앤씨(2001)
- 『일본어학 중요용어743』(공저) 제이앤씨(2005)
- 『일어학 개론』어문학사(2008)(2010개정증보판)

최근 논문

- 「日本語アクセント核のずれの要因について―外来語の音韻的な要因を中心に―」
  『日本文化研究第29輯』동아시아일본학회(2009)
- 「日本語の外来語アクセントの特徴」
  『日本語文學第43輯』韓國日本語文學會(2009)

일본어 음성교육

초판 1쇄 발행일 2010년 2월 25일

지은이 이향란
펴낸이 박영희
편집 이은혜·이선희·김미선
표지 강지영
책임편집 강지영
펴낸곳 도서출판 어문학사
　　　132-891 서울특별시 도봉구 쌍문동 525-13
　　　전화: 02-998-0094 / 편집부: 02-998-2267
　　　팩스: 02-998-2268
　　　홈페이지: www.amhbook.com
　　　e-mail: am@amhbook.com
　　　등록: 2004년 4월 6일 제7-276호

인지는 저자와의 합의하에 생략함

ISBN 978-89-6184-122-1　13730

정가 12,000원
※ 잘못 만들어진 책은 교환해 드립니다.

일본어 음성교육

이향란 지음

어문학사

머리말

　다년간 교사를 양성하는 사범대 일본어교육과에서 『일본어음성교육』(초기 몇 년간은 교과목 명칭 『일본어음운론』)을 강의하면서, 학생들의 발음을 듣고 많은 것을 느꼈다. 한국에서 일본어 음성교육이 거의 무시되어 왔고, 음성학이 어렵다는 편견 때문에, 강의 초기에는 어떤 교재로 어떻게 지도해야 학생들이 쉽게 접근하고, 효과적인 학습을 할 수 있을까? 게다가 임용고사 수험생들을 위한 학습전략까지 생각해야만 했다.

　우리 학생들 뿐 만 아니라, 일본어 교육을 담당하고 있는 분들은 일본어의 음성·음운론의 이론은 물론, 학습자들이 발음한 음이 맞는지? 틀리면 어디가 어떠한 식으로 틀렸는지? 정확하게 지적할 수 있어야 한다. 또한 교사의 발음은 학생들이 그대로 모방하기 쉬우므로, 교사는 모범적인 발음을 해야 한다. 그리고 학생들의 일본어 발음을 검토 해 보면, 모어(한국어)의 간섭으로, 방해를 적지 않게 받고 있다는 사실을 알게 되었다. 보다 효과적인 음성교육을 위해서는, 이처럼 일본어 음성·음운 뿐 아니라, 한국어 음성·음운 체계도 함께 지도해야만 된다고 본다.

　강의 초기(1990년대 중반)에는 이와 같이 한·일 양국의 음성이론과 실제로 보다 정확한 일본어 발음을 위한 지도서, 또한 임용고사를 위한 수험서 등을 겸비한 교재가 눈에 띄지 않았다. 그래서 학생들의 발음의 문제점과 지도시 유의점, 임용고사 기출문제 검토 등을 고려하여 강의노트를 만들어 왔다. 이것이 계기가 되어 본서를 출판하게 되었다.

　본서는 일본어 음성교육에 초점을 맞춰서, 음성·음운론적인 측면에서 한국어와 일본어의 차이점과 지도상의 유의점, 특히 유의해야 할 일본어 발음, 즉 特殊拍의 발음 및 拍(Mora)의 감각, 有声音과 無声音의 구별, 母音의 無

声音化, 長母音化, 여러 가지 変異音, IPA 표기에 따른 정확한 일본어 발음, 악센트(Accent), 인토네이션(Intonation), 프로미넌스(Prominence), 포즈(Pause), 리듬(Rhythm)감각, 회화체에서 나타나기 쉬운 발음현상, 어구성에 의한 음의 변화 등 모든 음성적인 특징을 고려해서, 여러 부분에서 한국어와 비교·설명해 두었다.

특히 본서의 특징이라 할 수 있는 것은, 한국인 일본어 학습자에게 나타나기 쉬운 발음의 경향을 분석한 점, 그리고 일본어 발음에 있어서 악센트의 중요성을 고려하여 소설 『窓ぎわのトットちゃん』의 일부분, 애니메이션 『となりのトトロ』·『魔女の宅配便』과, 일본지역(43県1都1道2府)名, 일본인의 姓 베스트200에 동경 표준어 악센트를 기재하여 일본어 악센트교육에 중점을 둔 점과 또한 임용고사 수험생들을 위해서 기출문제를 각각 본문의 해당 내용 부분에 기재해 둔 점이다.

전공분야이면서도 아직 부족함이 많은 것으로 사료되나 일본어 학습자, 일본어 교육을 담당하고 있는 분, 미래의 일본어 교사 등 모든 분들에게 본서가 조금이나마 도움이 되었으면 하는 바람이다.

2010년 2월 저자 이 향 란

목차

머리말_ 5

0. 중등학교 현장교육에서의 日本語 音声教育_ 11

1. 音声学과 音韻論
 1) 음성학(音声学) phonetics_ 20
 2) 음운론(音韻論) phonology_ 21
 3) 音声学과 音韻論 용어_ 21

2. 音声·音韻論的인 측면에서 韓国語와 日本語의 차이점
 1) 악센트_ 28
 2) 모음과 자음_ 28
 3) 音節(syllable)과 拍(mora)_ 32

3. 特殊拍(特殊音素)
 1) /Q/「ッ」促音=つまる音(촉음)_ 36
 2) /N/「ン」撥音=はねる音(발음)_ 37
 3) /R/「ー」(引く音)과 長音(장모음)_ 39

4. 조심해야 할 日本語 발음
 1) 母音_ 44
 2) IPA[International Phonetic Alphabet 国際音声記号(字母)]_ 45

5. 音素와 異音_ 51

6. 인토네이션(イントネーション, Intonation)_ 55

7. 프로미넌스(プロミネンス, Prominence)
 1) 임의로 바꿀 수 있는 초점_ 60
 2) 사회적 습관으로 고정된 초점_ 61

8. 포즈(ポーズ, Pause)_ 63

9. 리듬(リズム・Rhythm)_ 65

10. 악센트(アクセント, Accent)
　　1) 초분절음소(超分節音素, suprasegmental phoneme)_ 69
　　2) 일본어 악센트(日本語のアクセント, accent of Japanese)_ 69
　　3) 악센트 핵(アクセント核, pitch of accent)_ 70
　　4) 악센트 표기법_ 70
　　5) 악센트型_ 72
　　6) 일본어와 경상도(경남)방언의 악센트 비교_ 73
　　7) 동경 악센트의 특징(東京アクセントの特徴, feature of Tokyo-accent)_ 75

11. 品詞別 악센트 規則과 活用
　　1) 副詞 악센트_ 78
　　2) 形容動詞 악센트_ 78
　　3) 外来語 악센트(accent of loan word)_ 79
　　4) 固有名詞(人名・地名) 악센트_ 81
　　5) 複合名詞 악센트_ 82
　　6) 頭高型 名詞_ 84
　　7) 動詞 악센트_ 84
　　8) 複合動詞 악센트_ 90
　　9) 形容詞 악센트_ 91
　　10) ミニマル・ペア 악센트_ 96
　　11) 準 악센트와 連文節 악센트_ 99

12. 악센트 연습
　　1) 악센트 단문 연습1(표기용)_ 102
　　2) 악센트 단문 연습2(읽기용)_ 102
　　3) 短母音과 長母音 악센트 연습_ 103

4) 日本의 地名 악센트 연습_ 103
5) 日本人의 姓 베스트 200의 악센트 연습_ 106
6) 日本소설 악센트 연습(『窓ぎわのトットちゃん』)_ 115
7) 頭高型 악센트 연습_ 120

13. 会話体에서 나타나기 쉬운 발음 현상

1) 축약형(縮約形)_ 124
2) 발음화(撥音化)_ 126
3) 요음의 직음화 현상(拗音の直音化現象)_ 127
4) 촉음화 현상(促音化現象)_ 127
5) 연모음의 장음화(連母音の長音化/ ベランメー口調)_ 128

14. 日本語의 어구성(語構成)에 의한 音의 変化

1) 연탁현상(連濁現象)_ 130
2) 연성현상(連声現象)_ 132
3) 조수사의 음 규칙(助数詞の音規則)_ 133
4) 모음교체(母音交替, ablaut, vowel gradation)_ 136
5) 동화(同化, assimilation)_ 136
6) 이화(異化, dissimilation)_ 136
7) 음운전도(音韻転倒, 音韻転換, 音位転換, metathesis)_ 136
8) 음운첨가(音韻添加, addition)_ 137
9) 음탈락(音脱落, loss)_ 138
10) 혼효(混淆, Contamination, blending)_ 138
11) 민간어원설(民間語源説, folk etymology)_ 139
12) 유추(類推, analogy)_ 139

15. 애니메이션으로 배우는 일본어 발음 연습

魔女の宅急便_ 142
となりのトトロ_ 158

음성·음운영역에서 임용고사 출제내용

음성·음운	자음과 모음의 체계	고등학교-일본어 I -내용(발음)
	음소와 변이음	
	음절구조, 악센트 및 인토네이션의 특징	
	한자의 음훈	

0. 중등학교 현장교육에서의

　　日本語 音声教育

0. 중등학교 현장교육에서의 日本語 音声教育

아래의 일본어 文은 7차 교육과정 고등학교 일본어 교과서 본문의 일부이다. 일본어를 지도하는 입장에서는 다음의 일본어 文을 읽을 때는, 아래와 같이 모음의 무성음화, 유성음과 무성음의 구별, 장모음화, 拍(Mora)의 감각, 여러 가지 変異音, IPA 표기에 따른 정확한 일본어 발음, 악센트(Accent), 인토네이션(Intonation), 프로미넌스(Prominence), 포즈(Pause), 리듬(Rhythm), 감각 등 모든 음성적인 특징을 고려해서, 보다 정확한 일본어로 발음을 해야 한다. 학습자들은 교사의 발음을 그대로 모방을 하기 쉽기 때문이다.

그래서 본서에서는 일본어 음성교육에 초점을 맞춰서, 이러한 음성적인 특징을 중심으로 한국어와 비교·설명해 두었다.

※ 진하게 표기한 부분은 악센트(アクセント) 핵(核)이 있는 拍이다.
※「○」표시는「母音の無声化」를 나타낸다.

あき̥こさんN、わたしの　せん**せ**いです。
[akikosanN]　　　　　　　　　　[seː]
母音の無声化　　　　　　　　　　長母音化

は**じ**めまして。
　[ʒi]→ざ行の[i]母音の前の発音

わたしは　た**な**か　**あ**きこです。
　　　　　　　　　　　　[su̥]→母音の無声化　[ɯ]는→非円唇母音

どうぞ　よ**ろ**しく　おね**が**いします。
[doːzo]　　　　　　　　　　　[su̥]→母音の無声化
　　→ 有声音
長母音化・ざ行の語中の発音

はじめまして。

どうぞ　よろしく。
　　　　　[ʃikɯ̥]→母音の無声化

なんの　せんせいですか。↗　（上昇調イントネーション）
　[n]→「ン」の発音

日本語(にほんご)の　先生です。(ニホンゴのセンセーデス)(リズム)
　　　[ŋ]→「ン」の発音　　　●○○○○○○○

あきこさんは　いま　なんねんせいですか。↗
　　　　[ṽ](鼻母音)　　　　　　　　　（上昇調イントネーション）

こう/こう　い/ち/ねん/せい/です。　（拍(モーラ)と音節）
[koːkoː]　　　　　　8拍5音節
(4拍2音節)

かんこくへ　ようこそ　いらっしゃいました。
　[ŋ]　　[e]　　　　　　　特殊拍(促音)

(カンコク(頭高型)→韓国　カンコク(平板型)→勧告)

どうも　ありがとう　ございます。
[doːmo]　[aɾigatoː]　[gozaimasɯ̥] ← IPA表記

　일본어 교사는 이와 같이 일본어 음성적인 특징뿐 만 아니라, 한국인 일본어 학습자의 일본어 발음의 특징을 알아두면, 자신의 발음과 발음 지도 시 유용하다고 본다. 일본어 초급·중급자의 발음의 경향을 보면 대략 다음과 같이 요약할 수 있다.

　1) 악센트는 高高현상(●●○(3박어의 경우)/ ●●○○(4박어의 경우))

과 -2型(뒤에서 2번째 박에 악센트를 두는 型)의 경향이 있다.

2) 조사, 부조사, 조동사 부분의 악센트를 높고, 강하게 발음하려는 경향이 있다.

3) 악센트절에서 동일한 높이로 악센트를 발음하려는 경향이 있다.
   (例:行けばすぐ分かるよ。「け」「す」「か」를 똑같은 높이로 발음)
   자연스러운 일본어에서는「け」보다「す」를「す」보다「か」를 더 낮게 발음한다.

4) 特殊拍(「ン」「ッ」「ー」)을 짧게 발음하여 意味上 지장을 초래할 수 있다.

5) 어두에서 有声音을 無声音으로, 어중에서는 無声音을 有声音으로 발음하는 경향이 있다.(例:げた[geta]→けだ[keda])

6) 「か行」과「た行」발음 시 有気音으로 발음하는 경향이 있다.

7) 母音의 無声音化 현상이 자연스럽게 일어나지 않는 경향이 있다.

8) 母音「う[ɯ]」가 비원순모음에 속하나, 원순모음 [u]로 발음하는 경향이 있다.

9) 또한 어말(語末)의 撥音(ン)에「オ」「ヘ」등과 같은 모음으로 시작되는 조사가 접속되는 경우에 많은 학습자들이 그 앞의「ン」과 리에종 시켜 발음하는 경향이 있다. (例:「ごはんを食べました」→「ゴハンノタベマシタ」로「日本へ来ました」→「ニホネキマシタ」로 발음하는 현상)

10) 모어의 영향으로 撥音(ン)의 후속음으로「ら行」이 접속되면 撥音(ン)이「ㄹ」음으로 변화되는 경향이 있다. (例:かんり(管理) [kanɾi]→[kalli])

11) 조음점과 조음법의 차이로「ぞうり・みんぞく(民族)」를 많은 학습자들이「じょうり・みんじょく」로 발음하는 경향이 있다.

12) 外来語 발음을 한국식 발음으로 읽는 경향이 있다.

13) 促音「ッ」을 짧게 발음하는 경향이 강하지만, 반대로 促音이 없는 경

우에는 促音 삽입현상도 일어나는 경향이 있다.
14) 유성음과 유성음 사이의 [h]음 탈락현상의 경향이 보인다.
 (例 : はは→はあ / 외할머니→외알머니)

한국인 일본어 초·중급학습자의 발음 경향을 간단히 살펴보았는데, 이러한 발음의 원인과 그 지도방안을 제2장에서 제4장에 걸쳐 서술해 두었다.

1. 音声学과 音韻論

1. 音声学과 音韻論

2009

13. 다음 설명 중 적절하지 않은 것은?
   ① 「荷物」は、湯桶読みの例である。
   ② 「てくてく」は、人の歩き方を表すオノマトペである。
   ③ 「手前みそ」は、自画自賛の意味を表す慣用句である。
   ④ 「先祖」は、撥音に軟口蓋音が後続した場合の例である。
   ⑤ 「書きゃ」は、文脈により、二つの意味に解釈できる縮約形の例である。

18. 현대 일본어의 공통어에 대한 설명으로 옳지 않은 것은?
   ① 「さ」の子音と「し」の子音は、調音法が異なる。
   ② 有声子音の前で、「母音の無声化」は起らない。
   ③ 「イントネーション」は、文の表す意味にかかわる。
   ④ 第二拍が低で第一拍と第三拍が高の「三拍語」はない。
   ⑤ 「拍」は等時性を持ち、拗音を除いては、仮名一字に相当する。

19. 〈보기1〉의 예와〈보기2〉의 현상이 바르게 짝지어진 것은?

〈보기1〉	〈보기2〉
(가) 恋	ㄱ. 連濁
(나) 因縁	ㄴ. 連声
(다) 平仮名	ㄷ. 音便
(라) おはようございます	ㄹ. ハ行転呼音

	(가)	(나)	(다)	(라)
①	ㄴ	ㄱ	ㄷ	ㄹ
②	ㄴ	ㄹ	ㄱ	ㄷ
③	ㄷ	ㄴ	ㄹ	ㄱ
④	ㄹ	ㄱ	ㄷ	ㄴ
⑤	ㄹ	ㄴ	ㄱ	ㄷ

2010

14. 共通語の発音の説明として正しいものは？

(가)「勝手、切手」は三拍である。
(나) 日本語のアクセントは、一語の中で一度下がったら二度と上がらない。
(다)「心配、銀行」の「ん」の発音は、有声両唇鼻音と有声軟口蓋鼻音との違いである。
(라) 複合語の二番目の語の初めの無声子音は、複合語の中では、全て有声音に変化する。
(마)「日本銀行」の「ぎ」、「ガラガラ」の二番目の「ガ」は、鼻濁音化する。
(바)「きし(岸)、くち(口)」のように、[i] [ɯ]は無声子音の間や、語末また文末で無声子音の後に立った場合に無声化しやすくなる。

① (나)(다)(라)　② (나)(라)(마)　③ (가)(나)(다)(바)
④ (가)(나)(라)(바)　⑤ (가)(다)(마)(바)

15. (가)(나)(다)(라)(마)に入る最も適切なものは？

ㄱ「さ・ん・か」のように、長さにかかわる音の単位を(가)という。
ㄴ「さんか」のように、自然に音声を区切って発音することのできる最小単位を(나)という。

┌───┐
│ ㄷ 「あか(赤)」と「おか(丘)」は「あ」と「お」によって意味が変わる。このよ
│   うな意味の区別に関係する音の最小単位を(다)という。
│ ㄹ 「さ・ん・か」[sa・ŋ・ka]は、さらに[s] [a] [ŋ] [k] [a]のように細かく分けるこ
│   とができる。このように、音声学上、それ以上分割できない最小の単
│   位を(라)という。
│ ㅁ 「アメリカのドラマを見た。」という文を、意味を持つ最小単位で区切
│   ると、「アメリカ」「の」「ドラマ」「を」「見」「た」のような、一般に　(마)
│   呼ばれる単位に分かれる。
└───┘

	(가)	(나)	(다)	(라)	(마)
①	拍	音節	音素	単音	形態素
②	音節	拍	単音	音素	形態素
③	拍	音節	単音	音素	形態素
④	音節	拍	形態素	単音	音素
⑤	拍	単音	音素	音節	形態素

1) 음성학(音声学) phonetics

언어의 기본적인 요소인 음성을 여러 각도에서 연구하는 학문으로, 인간이 내는 말소리를 가능한 한 자세하게 분석·기록하는 것으로 음성의 조음방법 및 음향학적 연구를 하는 물리적인 분야이다. 화자의 입장에서 본 조음음성학(articulatory phonetics), 듣는 사람의 입장에서 본 청각음성학(auditory phonetics), 화자와 청자간의 흐르는 물리적인 음파를 취급하는 음향음성학(acoustic phonetics)이 여기에 포함된다.

2) 음운론(音韻論おんいんろん) phonology

　어떤 언어에서 意味를 구별하기 위해, 어떠한 音의 체계를 가지는가, 즉 언어를 기능적·구조적 관점에서 심리적인 현상으로 본 분야이다. 즉 언어에 있어서 언어음의 차이가 어떻게 의미의 차이를 나타내는데 활용되고 있는가, 또한 개개의 언어음이 어구성에 있어서 어떻게 배열·분포되어 있는가를 연구하는 분야이다.

　음운론에는 음소론(音素論)과 음형론(音形論) 등이 있는데, 전자는 「単音→ 音素→ 形態素→ 語→ 句→ 節→ 文」과 같이 작은 단위에서 큰 단위로 분석하는 방식을 취하고, 후자는 「文구성(통어구조)→ 音의 形(동시에→ 의미)」이라는 방식을 취하는 것이 보통이다. 이러한 음형론은 生成音韻論이라고도 한다.

3) 音声学과 音韻論 용어

2002

8-3. 다음 문장의 ( ) 안에 공통으로 들어갈 가장 적당한 말을 한자(漢字)로 쓰시오. (1점)

> 「語の意味を区別する働きのある最小の音声的単位」は( )と呼ばれる。( )とは、いわば「ある言語の音の組織を考える上での抽象的な音の単位」である。

2008

8. 일본어에 유입된 외래어 음소(音素) / t /는 모음(母音) [i] 앞에서 다음 ㉮, ㉯와 같은 이음(異音)으로 실현된다. 이음(異音) ㉮와 ㉯가 들어 있는 일본어 문자를 각각 가타카나로 표기하고, 그 문자가 들어 있는 단어를 1개씩만 쓰시오. (단, 단어는 사전에 등재된 것으로 제한한다.) [4점]

	㉮	㉯
가타카나 표기		
해당되는 단어		

(1) 음성(音声・phone)

　물리적으로 존재하는 구체적인 소리, 또는 공기 중에 존재하는 음향신호를 말한다. 음성기호는 [ ]로 나타낸다.

(2) 단음(単音)

　음성학상의 최소단위를 말한다. IPA로 나타낸다.

(3) 음소(音素・phoneme)

　최소대립을 나타내는 음, 즉 網[ami]와 雨[ame], 鳥[toɾi]와 虎[toɾa], 兄[aɲi]와 姉[ane] 등의 예에서 뜻을 구별하는 /i/, /e/, /a/와 같은 음의 단위를 음소라 한다.

(4) 음운(音韻・phoneme)

　머리 속에 추상화되어 존재하는 추상적인 소리로 / / 기호 안에 넣어 나타낸다. 말의 의미를 구별하기 위해 생각할 수 있는 음의 최소단위를 말한다. 예를 들면「あ[a]」「い[i]」「か[ka]」「さ[sa]」등이다.

(5) 형태소(形態素・morpheme)

　언어 단위의 하나로, 이중분절의 1차 분절에 의해서 얻어진 의미를 가지

는 최소의 단위를 말한다. 예를 들면,「赤とんぼ」의 {アカ} {トンボ},「広さ」의 {ヒロ} {サ}등이다. { }는 형태소를 나타내는 기호이다.

(6) 이음(異音·allophone)

음은 여러 조건하에서 다르게 발음되는 경우가 있지만, 다소 다르게 발음하더라도, 그 음이라고 인식할 수 있는 경우 즉 음소와 같은 경우, 각각의 음을 이음이라 한다.
- 조건이음(条件異音) : は[ha] ひ[çi] ふ[ɸɯ]
- 자유이음(自由異音) : 조건이음이 아닌 이음을 말한다. 雨의「ア」음이 [a]라도 [ɑ]라도 雨라는 의미는 변화가 없다.

(7) 변별소성(弁別素性·distinctive feature)

어떤 음과 또 다른 음을 서로 다른 음으로서 구별하는 특징을 弁別素性이라 한다. 어떤 음에 특징이 있는 경우는「+」, 없는 경우는「-」로 나타낸다. 예를 들면,「か[ka]」는 -有声音이고,「が[ga]」는 +有声音으로 弁別素性은「有声音」이 된다.

(8) 악센트 변별기능(弁別機能)

악센트가 同音異意語의 의미 구별에 관여할 때 그 역할을 弁別機能이라 한다. 日本語의 경우 악센트가 상당량의 단어에서 弁別機能을 담당하고 있다.

(9) 프로소디(プロソディー, Prosody)

음성표현에 있어서 強勢(stress), 話調(intonation), 音調의 高低(pitch), 음의 길이(length), 음의 速度(rate), 포즈(pause), 강조법(emphasis) 등 음성요소의 단위를 총칭하는 것이다.

2. 音声・音韻論的인 측면에서 韓国語와 日本語의 차이점

2. 音声・音韻論的인 측면에서 韓国語와 日本語의 차이점

2000

★10. 한국어는 평음(平音 : ㄱ・ㄷ・ㅂ・ㅈ), 경음(硬音 : ㄲ・ㄸ・ㅃ・ㅉ), 기음(気音 : ㅊ・ㅋ・ㅌ・ㅍ)의 세 가지로 말의 뜻이 구별되는 언어이지만, 일본어는 영어처럼 무성음과 유성음이라는 두 가지로 말의 뜻이 구별되는 언어이다. 따라서 일본어의 음성 교육에서 가장 중요한 것은 무성음과 유성음을 구분하여 발음하는 일이다. 예를 들면「だいがく」[daigaku]는 '大学'이지만「たいがく」[taigaku]는 '退学'으로써 서로 전혀 다른 뜻이 된다. 일본어의 오십음도(五十音図)에 나타나는 46개의 음절 중에서 무성자음이 포함되는 음절을 행(行)으로 구분하여 쓰시오. (5줄 이내) (5점)

2003

5-1. 다음은 일본어 음성의 특징에 대한 설명이다. 설명한 내용이 맞는 것을 세 개만 골라 기호를 쓰시오. (3점)

> (1) 環境により音が決まるものを自由異音という。
> (2) ハ行子音の調音点は声門、硬口蓋、両唇である。
> (3) 尾高型とは最後の拍が他の拍より特に高いので尾高型という。
> (4) 撥音は前の音によって実際の音が決まる。
> (5) アクセントによって単語の意味を区別する機能を弁別機能という。
> (6)「日本語能力試験」は8音節で11拍である。

2004

3. 다음 글을 읽고, (①)과 (②)에 들어갈 알맞은 말을 쓰시오. [2점]

한국인은 일본어의 파열음과 파찰음 발음 시, 무성음·유성음을 구별하지 못해 오류를 범하는 일이 많다. 즉「ぎん(銀)」을「きん」으로 발음하여 듣는 사람이 '金'과 혼동한다든지,「また(또)」를「まだ」로 발음하여 '아직'이라는 의미와 혼동하게 된다든지 하는 것이다. 이는 근본적으로는 한국어와 일본어의 음운체계가 다른 것에 기인하지만, 구체적으로는 한국어의 다음과 같은 발음 특징 때문이다.
- 한국어의 파열·파찰음은 어두에서 (①)으로 소리 나는 일이 없다.
- 한국어의 파열·파찰음은 유성음과 유성음 사이에서는 (②)으로 소리난다.

2006

7. 밑줄 친 부분의 내용과 달리 현대 일본어에서는 이중자음(二重子音)이 존재한다. 그 음절의 종류를 들고 각각의 음운적 특징을 2줄 이내로 쓰시오. [3점]

音韻の面では、音節の構造が母音で終る特色を持ち、特殊な音節を除くと、すべて開音節となる。音節の最初にr音で始まる語がなく、また子音が二つ並ばない。音節の数も111と少なく、アクセントは高さアクセントで、強さアクセントを持たない。現代語では、アクセントの滝の有無とその位置により形の違いが示される。また、上代の日本語には母音調和の傾向を持っていたことが認められる。

2007

8. 일본어의 특성에 관한 내용이다. 바르지 않은 것 3가지를 골라 번호를 쓰시오. [3점]

① 母音が9つある。　　　　② 地域方言がない。
③ 開音節構造である。　　　④ 修飾語が被修飾語の前にくる。

⑤ 特殊音素のモーラ(拍)音素がある。
⑥ 漢字を使用しているので中国語と同じ系統である。
⑦ 数(number)や性(gender)は義務範疇ではない。

1) 악센트

한국어 표준어는 無악센트설이 주류를 이루었으나, 최근 연구 결과로는 강약과 고저악센트를 가지는 복합악센트설이 유력하다고 본다. 그러나 일본어처럼 고저악센트가 변별기능을 가지지는 못한다. 다만, 경상도 방언은 유일하게 고저악센트(Pitch(高低) Accent)가 변별기능을 가진다고 할 수 있다. 예를 들면, 다음과 같다.

(진하게 표시된 박이 악센트 가 높게 발음되고, 흰 부분이 낮게 발음되는 박)

> 동서(高低)●○(同婿) / 동서(低高)○●(東西)
> 신문(高低)●○(訊問) / 신문(低高)○●(新聞)
> 양식(高低)●○(洋食) / 양식(低高)○●(糧食)

일본어 악센트는 경상도 방언과 마찬가지로 고저악센트가 의미를 구별하는 즉 변별기능을 가지고 있다. 일본어는 같은 음의 단어(同音異義語)가 많이 존재하는데, 이것을 고저악센트가 의미를 구별하는 큰 역할을 하고 있다. 예를 들면「ハシ●○(箸)/ハシ○●(橋)」「キル●○(切る)/キル○●(着る)」등이 있다.

또한 일본어악센트는 문중(文中)에 있어서 語 또는 문절의 끊김을 확실히 하는 역할, 즉 통어기능(統語的機能)도 한다.

2) 모음과 자음

　일본어의 모음은「ア[a], イ[i], ウ[ɯ], エ[e], オ[o]」5개와 반모음 [j], [w] 2개로 이루어져, 모음이 많은 한국어(단모음 8개, 이중모음 11개)나 영어 발음 시, 상당한 어려움이 따른다. 반면, 일본어는 ウ[ɯ]를 제외한 나머지 모음이 한국어 모음과 유사하여, 한국인에게 일본어 모음은 비교적 쉽게 발음되는 편이다. 그러나 ウ[ɯ]는 비원순모음(非円唇母音)으로 한국어「우[u] : 원순모음」와는 다르므로 발음에 유의해야 한다.

　한국어의 자음은 총19개(일본어의 자음음소 15개 : / k, g(ŋ), s(ʃ), z(z, dz, dʑ), t, c(ts, tʃ) d, n(ɲ), h(ç, ɸ) b, p, m, j, w, ɾ / 특수음소 3개 / N, Q, R /)로, 자음의 破裂音과 破擦音에는 평음(平音)·격음(激音 : 센소리)·濃音(硬音 : 된소리)의 세 계열이 있다. 평음은 약한 無声有気音, 격음은 강한 無声有気音, 경음은 無声無気音이다. 경음은 일본어 어중에 나타나는 촉음의 바로 다음 발음에 가깝다.

　즉 한국어는 유기음(有気音)과 무기음(無気音)이 의미를 구별하는 기능 즉 변별기능(弁別機能)을 가지고 있다. 예를 들면, 공[koŋ]과 콩[kʰoŋ], 동[toŋ] 통[tʰoŋ] 똥[t'oŋ] 그리고 달[tal]과 탈[tʰal] 딸[t'al]이 각각 변별적인 반면, 일본어는「か[ka]蚊모기」와「が[ga]蛾나방」,「きん[kiN](金)」과「ぎん[giN](銀)」인가에 따라 뜻이 달라진다. 즉, 無声音과 有声音이 변별적이다.

　한국어의 무기음은 어두에서는 무성음으로 발음되지만,「감기[kamgi]」처럼 유성음과 유성음 사이에서는 유성음으로 발음된다. 즉, 한국어는 유성음과 무성음이 뜻을 구별하는 변별기능을 가지지 못하고, 이음(異音)관계에 지니지 않는다. 그래서 한국인은 일본어 발음 시, 예를 들면「げた[geta]下駄」를「けだ[keda]」로 발음하는 것처럼, 어두의 유성음은 무성음으로, 어중의 무성음은 유성음으로 발음하는 경향이 있으므로 유의해야 한다.

(1) 有声音과 無声音

2001

◆ 일본어 음성교육의 현장에서 50음도의「ア行」과「カ行」을 지도할 경우, 특히 주의해야할 점을 쓰시오.(각각 50字 내외의 한글로 답할 것) (2점)

    有声音(Voiced) : 声帯의 진동에 의해 나오는 소리를 말한다.
               母音「アイウエオ」와 子音「ガ, ザ, ダ, ナ, マ, ラ」行
               및「ン」
한국어의「우[u]」는 원순모음이고 日本語의「う[ɯ]」는 비원순모음이다.
    無声音(Voiceless) : 声帯를 울리지 않고 나오는 소리를 말한다.
               カ, サ, タ, ハ行의 子音

(2) 有気音과 無気音

  한국어는 有気音과 無気音이 弁別的 또는 対立的이라 한다.
  例 : 공[koŋ] : 콩[kʰoŋ], 달[tal] : 탈[tʰal] : 딸[t'al]
     日本語는 有声音과 無声音이 弁別的 또는 対立的이라 한다.
     {例 : か[ka]蚊모기) : が[ga](蛾나방)}

(3) 母音의 無声音化

1997

모음의 무성음화가 어떤 환경에서 일어나는지 예를 들어 설명하세요.(7점)

2003

5-2. 다음 〈보기〉에서 원칙적으로 모음이 무성화 하는 음절(가나)을 모두 찾아 쓰시오. (1점)

〈보기〉

くかん	しがい	アイスコーヒー
かきかた	ちから	かけぶとん

원래 有声音이야 할 母音이 声帯의 진동을 동반하지 않는 無声音으로 발음되는 현상을 말한다. 母音의 無声音化에는 다음과 같은 원칙이 있다.

(1) 母音「イ, ウ」가 無声子音과 無声子音사이에 끼여 있을 때 無声音化된다.
　例：キシャ(汽車)[kiʃa]　　　　タクサン(沢山)[takɯsaN]
　　　ヒカリ(光)[çikaɾi]　　　　フスマ(襖)[ɸɯsɯma]

(2) 「イ, ウ」다음에 促音「ッ」가 올 경우에도 無声音化가 일어난다.
　例：キップ(切符)[kippɯ]　　　シッケ(湿気)[ʃikke]

(3) 語末, 文末가 無声子音 +「イ, ウ」로 끝날 경우 또한 높은 악센트로 발음되지 않을 경우에는 無声音化된다.
　例：アキ(秋)[aki]　　　カク(書く)[kakɯ]　　　ハシ(箸)[haʃi]
　　　～デス(～です)[desɯ]　　　　　　　　～マス(～ます)[masɯ]

(4) 無声子音 사이의「ア・オ」는 無声音化 되는데, 주로 같은 모음이 계속될 때 무성자음 사이에서 일어나는 경우가 많다.
　例：カカシ[kakaʃi]　　カタナ(刀)[katana]　　ココロ(心)[kokoɾo]
　　　ホコリ[hokoɾi]　　ハカル[hakaɾɯ]

(5) 아주 드물지만 無声子音과 有声子音 사이에서도 모음이 無声化 할 경우가 있다. 주로 有声子音 앞의「ス[sɯ]」에서 일어난다.
　例：ムスメ(娘)[mɯsɯme]

3) 音節(syllable)과 拍(mora)

2001

◆ 次の単語の音節数と拍(mora)数を書きなさい。(1점)

答 案	1) センセイ(先生)	(音節、 拍)
	2) イッタイ(一体)	(音節、 拍)

일본어는 원칙적으로 자음으로 끝나는 폐음절(閉音節)인데 비해, 일본어는 모음으로 끝나는 개음절(開音節)이다.

「ニッポン(日本)」은 「ン」으로 끝나지만 일본어의 대부분의 경우는, 「サクラ(桜)[sakɯɾa]」처럼 주로 「자음 + 모음」으로 끝나는 개음절(開音節;open yllable)이 많고, /kan/(缶), /gan/(癌·ガン)처럼 자음으로 끝나는 폐음절(閉音節;closed syllable)구조로 되어있는 예는 극히 드물다. 반면에 한국어는 「김, 밥상, 학생, 선생님」처럼 주로 자음으로 끝나는 音節이 많다. 즉 한국어는 폐음절(閉音節;closed syllable) 구조를 가지고 있는 음절이라 할 수 있다.

이와 같이 음절상의 차이로 일본인은 한국어를 발음할 때, 문제점이 많이 나타난다. 특히 받침이 있는 발음, 예를 들면 「맥도날드」를 「마그도나르도」라는 식으로 발음을 하게 된다.

반면 한국인은 음절 감각만 있고, 拍의 감각이 없으므로, 앞에서 지적한 것처럼 특수박인 「ン」, 「ッ」, 「ー」을 짧게 발음하는 문제점이 있다고 본다. 「ン」은 짧게 발음해도 의미상의 문제점은 없지만, 「ッ」, 「ー」은 짧게 발음하거나, 발음하지 않으면 의미상의 문제점까지 초래한다. 예를 들면 다음과 같다.

例 : イタイ(痛い) / イッタイ(도대체)　セケン(世間) / セッケン(石鹸)
　　 ビル(빌딩) / ビール(麦酒)　　カド(角) / カード(card)
　　 オジ(叔父) / オージ(王子)　　クロ(黒) / クロー(苦労)

앞의 예 중에서 ビル와 ビール, カド와 カード, クロ와 クロー는 악센트도 같은 頭高型(●○와 ●○○)으로 나타나므로 특히 유의해야 한다. 이러한 점으로 보아, 한국인의 일본어 음성교육상 拍의 감각을 익히게 하는 것은 매우 중요한 문제라 생각된다.

「簡単(カンタン」을 우리나라 일본어 학습자 대부분이 우리말「간단 [kan/tan]」처럼 음절단위로 발음하여「ン」을 아주 짧게 발음하는 경향이 강하다(「ン」뿐만 아니라,「ッ」,「ー」도 짧게 발음하는 경향이 있다). 그러나 일본어는「カ」「ン」「タ」「ン」4개의 발음 전부 등시성(等時性) 즉 동일한 길이를 가진다. 물론 기계로 측정하면 반드시 같은 길이를 가진다고는 할 수 없으나,「カ」,「タ」와「ン」의 길이가 우리나라 사람들이 발음하는 만큼의 차이는 나지 않는다.

일본어는 이처럼「かな」1글자가 1박(拍)을 이루는데(拗音의 작은 글자「ゃ・ゅ・ょ」는 제외) 拍은 엄밀하게는 정의가 다르지만, 일반적으로 모라(モーラ, mora)라고도 한다. 拍의 특징은 각각이 같은 時間(길이)을 가지는데, 일본어화자는 동일하게 느끼기 때문에 음운론적으로 等時間이라고 한다. 拍을 바르게 알아듣고, 발음하는 능력을 박감각(拍感覚)이라고 하는데, 이 감각이 없으면, 특히 특수박(特殊拍 : 撥音「ン」, 促音「ッ」, 引く音「ー」등으로 그 자체는 1拍은 되지만, 단독으로 音節은 이루지 못한다.)

한국어, 영어 등 모든 언어의 音의 덩어리는 시간을 단위로 하는 拍이 아니라「音節」이라는 개념을 사용한다. 일본어는 특이하게 拍과 音節을 둘 다 사용할 때가 있다. 일본어에서 音節은 定說은 아직 없지만, 대략「하나하나

의 音을 묶은 것(한 덩어리)이며, 모음의 주위에 자음이 결합해서 만들어진 언어단위이고, 또한 음의 끊김이 없는 음의 연속」으로 보고 있다. 「ニッポン(日本)」을 [ɲi-p-po-N]처럼 4拍으로 보는 경우와 [ɲip-poN]과 같이 2音節로 보는 경우가 있다. 音節과 拍의 구조를 살펴보면 다음과 같다.

〈短音節(S)〉

イ(胃)・エ(絵)：母音(V) → 1音節 1拍

カ(蝦)・キ(木)・メ(目)：子音 + 母音(CV) → 1音節 1拍

ヤ(矢)・ワ(輪)：半母音 + 母音(svV) → 1音節 1拍

ショ(書)・チャ(茶)：子音 + 半母音 + 母音(CsvV) → 1音節 1拍

〈長音節(L)〉

アッ・イン(印)・エー：母音 + 特殊拍(VN) → 1音節 2拍

パン：子音 + 母音 + 特殊拍(CVN) → 1音節 2拍

ヨッ・ヤッ：半母音 + 母音 + 特殊拍(svVQ) → 1音節 2拍

キョー・ユー：子音 + 半母音 + 母音 + 特殊拍(CsvVR) → 1音節 2拍

C：子音(consonant)　　V：母音(vowel)　　sv：半母音(semivowel)
N：撥音「ン」　　　　　Q：促音「ッ」　　　R：長音「ー」

さ/く/ら(桜)：3音節3拍　　　　お/かあ/さん：3音節5拍

いっ/そ/く：3音節4拍　　　　　かん/たん：2音節4拍

ス/プーン：2音節4拍　　　　　　お/きゃ/く/さん：4音節5拍

や/きゅう：2音節3拍　　　　　　ちゃん/こ：2音節3拍

ラー/メン：2音節4拍　　　　　　エ/レ/ベー/ター：4音節6拍

3．特殊拍(特殊音素)

3. 特殊拍(特殊音素)

2004

5-1. 다음 글을 읽고, 물음에 답하시오. (3점)

> 일본어의 「ん」은 하나의 음처럼 인식되지만, 실제로는 뒤에 오는 음에 따라 여러 가지 異音으로 나타나며 그 異音들은 상보분포를 이룬다. 「ん」 뒤에 모음이나 반모음이 오면 「ん」은 그 모음이나 반모음에 가까운 鼻母音으로 발음되는데, 그 鼻母音은 대략 [i]과 [ɯ]의 두 가지로 나눌 수 있다.

어떤 음들이 「ん」 뒤에 올 때 「ん」이 [i] 또는 [ɯ]으로 발음 되는가 히라가나로 모두 쓰시오.

(1) [i]으로 소리날 때 : 「ん」 뒤에 _____가 올 때
(2) [ɯ]으로 소리날 때 : 「ん」 뒤에 _____가 올 때

2005

10. 일본어 발음을 지도할 때에 유의해야 할 것의 하나로 독립된 음가(音価)가 없으면서도 하나의 박(拍)을 갖고 있는 특수음소(特殊音素)라는 것이 있다. 이들 특수음소의 명칭을 모두 한자(漢字) 또는 히라가나로 쓰고, 각각의 특수음소가 들어 있는 단어를 1개씩만 쓰시오. (3점)

1) /Q/「ッ」 促音(そくおん)=つまる音(촉음)

「ッ」은「促音(촉음)」또는「つまる音(おん)」이라 하고, 音素 표시는 /Q/로 나타낸다. 한국인 일본어 학습자는 대개 이러한 촉음을 우리말의 받침으로 생각하여 짧게 발음해 버리는 경향이 있는데, 특수박(特殊拍(とくしゅはく))의 하나로 1拍을 가지는 음이므로 충분히 1박자로 발음해야 한다. 2.3의 音節과 拍에

서 서술한대로 1박자로 발음하지 않으면 의미상의 문제가 발생하므로 주의를 기울여 발음해야한다. 아래의 예처럼, 촉음은 보통 어두이외의 無声子音 앞에 나타난다. 외래어나 강조형(すばらしい→すっばらしい), 의성어·의태어 등에서는 유성음 앞에서도 촉음이 나타날 수가 있다. 그리고「アッ[aʔ]」처럼 촉음이 어말에 나타나는 경우는 드물다.

(一句)イック[ikkɯ]　　(一足)イッソク[issokɯ]
(一体)イッタイ[ittai]　　(一歩)イッポ[ippo]
どっしり[doʃʃiɾi]　　すっばらしい[sɯbbaɾaʃiː]
ベット[beddo]　　バッグ[baggɯ]　アッ[aʔ]

2) /N/「ン」撥音=はねる音(발음)

撥音「ン」은 어두에는 나타날 수 없는 비음(鼻音)으로, 단독으로는 발음 불가능하지만, 후속음(後続音)에 따라 그 발음이 달라진다. 후속음에 따라 다양하게 발음되는 특수한 拍이지만, 어떠한 경우에도 후속음의 조음점(調音点)에 가까운 장소에서 발음되어지는, 비음(鼻音)인 점이 공통된 특징이라 할 수 있다. 보통 초급에서는 (1)(2)(3)정도로 구분하여 지도하면 무난하고, 그 이상의 레벨에서는 다음의 6가지로 구분하여 지도하는 것이 좋다.

「ン」은 앞에서도 서술했듯이 이 자체만으로 1拍을 이루기 때문에, 다른 拍과 비교하여 짧게 발음하지 않고, 충분히 1박자로 발음하도록 유의한다.

또한 어말(語末)의 撥音(ン)에「オ」「ヘ」등과 같은 모음으로 시작되는 조사가 접속되는 경우에 많은 학습자들이 그 앞의「ン」과 리에종 시켜 발음하는 경향이 있다. 예를 들면,「ごはんを食べました」를「ゴハンノタベマシタ」로「日本へ来ました」는「ニホネキマシタ」로 발음을 해버린다.

결국, 이러한 현상도「ン」을 짧게 발음하는 데서 생기는 결과라고 할 수 있겠다. 그러므로「ン」다음에 끊음(切れ目/)을 넣어 발음하는 습관을 가지는 것이 좋다. 예를 들면「ゴハン/オ タベマシタ」「ニホン/ヘ キマシタ」로 끊어서 연습하는 것이다.

(1) [m]는 같은 양순음에 속하는 [m, b, p]직전에서 발음된다.
　　日本橋(にほんばし)[ɲihombaʃi]
　　散歩(さんぽ)[sampo]　　　　　秋刀魚(さんま)[samma]

(2) [n]는 같은 치경음에 속하는 [n, d, t]직전에서 발음된다.
　　日本刀(にほんとう)[ɲihontoː]
　　案内(あんない)[annai]　　　　三台(さんだい)[sandai]
※ [n]는 [n, d, t]이외에도 같은 치경음에 속하는 [ʤ, ʧ, ʦ, ɾ]의 직전에서도 발음된다.

(3) [ŋ]는 같은 연구개음 [ŋ, g, k]의 직전에서 발음된다.
　　日本画(にほんが)[ɲihoŋga]
　　銀行(ぎんこう)[giŋkoː]　　　音楽(おんがく)[oŋgakɯ]

(4) 구개수비음인 [N]은 어말에서 발음된다.
　　日本(にほん)[ɲihoN]　　　本(ほん)[hoN]　　　　パン[paN]

(5) 치경경구개음인 [ɲ]는 [ɲ]직전에서 발음된다.
　　ニンニク[ɲiɲɲikɯ]　　　　筋肉(きんにく)[kiɲɲikɯ]

(6) 鼻母音(びぼいん)[ṽ] 은 /N/이 鼻母音化된 것으로, 音素로서는 자음이지만, 음성

적으로는 모음으로 나타나는 것이 있다. 鼻母音으로 발음되는 것은, 다음의 예「電話」처럼 여러 가지 설이 분분한데, 본서에서는 다음과 같이 보기로 한다. 어중에서 모음[a], [i], [ɯ], [e], [o]와 접근음(接近音) 반모음인 [j], [w], 마찰음(摩擦音)인 [s] [ʃ] [h] [ç] [ɸ]와 같은 폐쇄(閉鎖)를 형성하지 않는 음이 올 경우에는 鼻音化한 모음(鼻母音)으로 나타나는 것이 보통이다.

恋愛(レンアイ)[ɾeãai]・[ɾeṽai]

単位(タンイ)[tãii] [taṽi]

陰鬱(インウツ)[iũɯtsɯ]・[iṽɯtsɯ]

万円(マンエン)[maẽN]・[maṽeN]

千億(センオク)[seõokɯ]・[seṽokɯ]

観察(カンサツ)[kaṽsatsɯ] [kaũsatsɯ]발음 說도 있다.

検査(ケンサ)[keṽsa]   [keẽsa]발음 說도 있다.

本屋(ほんや)[hõija]・[hoṽja]

電話(でんわ)[deṽwa]・[deũwa]・[deẽwa]발음 說도 있다.

3) /R/「ー」(引く音)과 長音(장모음)

흔히 長音이라고 부르는「ー」는, 長(母)音의 후반의 부분(棒引き部分)으로, 정확히 말하면「引く音」또는「引き音」이라고 해야 한다. 音素로 표시하면 /R/, 발음표기에서는 장음기호[ː]를 늘이는 모음 뒤에 붙여서 나타낸다. ([aː], [iː], [ɯː], [eː], [oː]) 長音에는「アア, イイ, ウウ, エエ, オオ」와 같이 같은 모음이 겹치는 경우와「エイ」「オウ」가 있다. 보통 자연스러운 회화체에서는「お母さん」을 [okaasaN]이 아니라, 뒤의 [a]를「引く音」인 [ː]로 하여 [okaːsaN]으로 발음한다. 또한「高校」를 [koɯkoɯ]가 아닌 [koːkoː]로,「成功」는 [seikoɯ]가 아닌 [seːkoː] 로 [ei]와 [oɯ]는 각각 長母音[eː]와 [oː]로 발음함에

39

주의한다.

　물론 연설문이나 설교, 무대의 발음 등에서는, 특히「e+i」는 장음이 아닌 [ei] 발음으로 나타날 때도 있다.

　「(가오리)えい[ei], (姪)めい[mei], (pay)ペイ[pei], (Spain)スペイン[sɯpeiN]」의 예처럼 和語, 外来語 계통의「e+i」는 자연스러운 발음에서도 가능한 한 長音으로 발음하지 않음에 주의한다. 또한「ね/いろ(音色)」「わけ/いる(分け入る)」등과 같이 의미의 경계점(意味の切れ目)을 느낄 수 있는 경우도 母音連続인 [e+i]로 발음됨에 유의한다. 그러나「きれいだ」는 和語임에도 불구하고 [kiɾeida]로 발음하지 않고, [kiɾeːda]로 발음하는 것이 일반적이다.

　「o+u」계열은 漢語・和語에서도 장음화 하여 발음하는 것이 일반적이다. 妹(いもうと)를 和語라 하여 [imoɯto]라 발음하면 부자연스럽고, [imoːto]로 발음해야 한다.

　다음에 장음과 장음이 아닌 예를 비교해 두었다.

(1)「aa, ii, uu, ee, oo」→ [aː], [iː], [ɯː], [eː], [oː]
　　おばさん[obasaN] / おばあさん[obaːsaN]
　　角(かど)[kado] / カード(카드)[kaːdo]
　　おじさん[oʒisaN] / おじいさん[oʒiːsaN]
　　ビル(building)[biɾɯ] / ビール(맥주)[[biːɾɯ]
　　茎(くき)[kɯki] / 空気(くうき)[kɯːki]
　　おねえさん[oneːsaN]　おおい[oːi]　こおり[koːɾi]　とおい[toːi]

(2)「e+i」→ [eː]
　　英語(えいご)[eːgo]　　　　　　衛生(えいせい)[eːseː]

生活(せいかつ)[seːkatsɯ]　　　丁寧(ていねい)[teːneː]
時計(とけい)[tokeː]　　　　　迷惑(めいわく)[meːwakɯ]

(3) 「o+u」→ [oː]
応答(おうとう)[oːtoː]　　　　交番(こうばん)[koːbaN]
強盗(ごうとう)[goːtoː]　　　　商売(しょうばい)[ʃoːbai]
成功(せいこう)[seːkoː]　　　　放送(ほうそう)[hoːsoː]
黒(くろ)[kɯɾo] / 苦労(くろう)[kɯɾoː]
新語(しんご)[siŋgo] / 信号(しんごう)[siŋgoː]
そうです[soːdesɯ]　　　　　　向う(むこう)[mukoː]
申す(もうす)[moːsɯ]　　　　　昨日(きのう)[kinoː]
今日(きょう)[kʲoː]　　　　　　神戸(こうべ)[koːbe]

※ 단 「追う」는 [oː]로 발음하지 않고, [oɯ]로 발음함에 유의한다.

# 4. 조심해야 할 日本語 발음

4. 조심해야 할 日本語 발음

1) 母音

　단독으로 발음되는 短母音은 현대 共通日本語 등에서는 「ア[a]・イ[i]・ウ[ɯ]・エ[e]・オ[o](간략표기)」의 5종류이다. 이러한 일본어 모음을 IPA의 母音과 비교해 보면 「ア」는 [a]와 [ɑ]의 중간에 위치한 모음으로 보면 된다. 「イ」는 [i]보다 약간 広母音이고, [e]보다는 狭母音으로 발음된다. 「ウ」는 円唇母音인 [u]와는 달리 입술을 거의 둥글게 하지 않지만, 전혀 둥글게 하지 않는 [ɯ]와도 조금 다르다. 그러나 여러 참고문헌에서 [ɯ]로 표기하고 있으므로, 본서에서도 일본어 「ウ」는 [ɯ]로 표기했다. 「エ」는 [e]와 [ɛ]의 중간 발음에 해당된다. 「オ」도 입술의 둥근 모양이 약간 약한, オ[o]와 [ɔ]의 중간 발음에 해당된다.

　본서에서는 편의상 각각 「ア[a]・イ[i]・ウ[ɯ]・エ[e]・オ[o]」로 간략표기로 사용했다. 다음의 그림⟨1⟩과 그림⟨2⟩를 참조 했으면 한다.

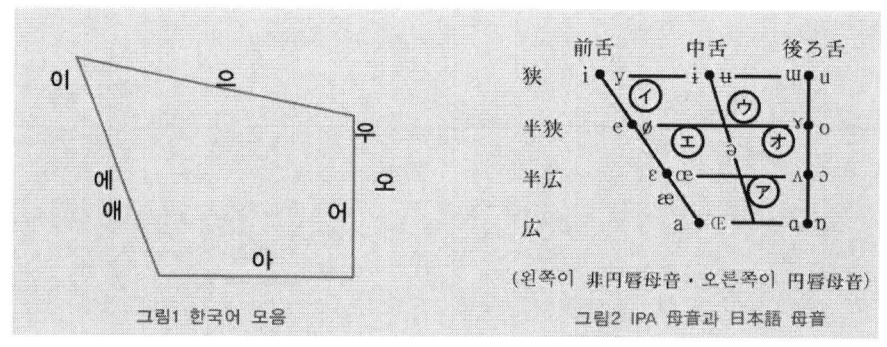

그림1 한국어 모음　　　　　　　　그림2 IPA 母音과 日本語 母音

그림1 참고문헌, 이기문他(1986) p.50 참조
그림2 참고문헌, 松崎寛・河野俊之(2004)p.187참조

2) IPA[International Phonetic Alphabet 国際音声記号(字母)]

어떤 언어의 음이라도 가능한 한 정확하게 나타낼 수 있도록, 19세기 후반에 국제음성협회에서 정한 국제음성기호 또는 국제음성자모를 IPA라 한다.

50音図 IPA표기

ん[N]	わ[wa]	ら[ɾa]	や[ja]	ま[ma]	は[ha]	な[na]	た[ta]	さ[sa]	か[ka]	あ[a]
		り[ɾi]		み[mi]	ひ[çi]	に[ɲi]	ち[tʃi]	し[ʃi]	き[ki]	い[i]
		る[ɾɯ]	ゆ[jɯ]	む[mɯ]	ふ[ɸɯ]	ぬ[nɯ]	つ[tsɯ]	す[sɯ]	く[kɯ]	う[ɯ]
		れ[ɾe]		め[me]	へ[he]	ね[ne]	て[te]	せ[se]	け[ke]	え[e]
	を[wo]	ろ[ɾo]	よ[jo]	も[mo]	ほ[ho]	の[no]	と[to]	そ[so]	こ[ko]	お[o]

濁音과 半濁音 IPA 표기

ぱ[pa]	ば[ba]	だ[da]	ざ[dza]	が[ga]
ぴ[pi]	び[bi]	ぢ[dʒi]	じ[dʒi]	ぎ[gi]
ぷ[pɯ]	ぶ[bɯ]	づ[dzɯ]	ず[dzɯ]	ぐ[gɯ]
ぺ[pe]	べ[be]	で[de]	ぜ[dze]	げ[ge]
ぽ[po]	ぼ[bo]	ど[do]	ぞ[dzo]	ご[go]

拗音의 IPA 표기

ぴゃ[pʲa]	びゃ[bʲa]	じゃ[dʒa]	ぎゃ[gʲa]	りゃ[ɾʲa]	みゃ[mʲa]	ひゃ[ça]	にゃ[ɲa]	ちゃ[tʃa]	しゃ[ʃa]	きゃ[kʲa]
ぴゅ[pʲɯ]	びゅ[bʲɯ]	じゅ[dʒɯ]	ぎゅ[gʲɯ]	りゅ[ɾʲɯ]	みゅ[mʲɯ]	ひゅ[çɯ]	にゅ[ɲɯ]	ちゅ[tʃɯ]	しゅ[ʃɯ]	きゅ[kʲɯ]
ぴょ[pʲo]	びょ[bʲo]	じょ[dʒo]	ぎょ[gʲo]	りょ[ɾʲo]	みょ[mʲo]	ひょ[ço]	にょ[ɲo]	ちょ[tʃo]	しょ[ʃo]	きょ[kʲo]

(1) IPA 표기연습

- 「は」行

  例：はは[haha]　　　　ひこうき[çikoːki]　　　ひみつ[çimitsɯ]
  　　ふもと[ɸɯmoto]　　　ふうふ[ɸɯːɸɯ]　　　おへそ[oheso]
  　　ほぼ[hobo]

- 어중의「ざ・ず・ぜ・ぞ」→ [z]

  例：ひざ[çiza]　　ねずみ[nezɯmi]　　かぜ[kaze]　　かぞく[kazokɯ]

- 어중의 /i/와 /j/ 앞→ [ʒ] 또는 [z]

  例：ふじさん[ɸɯʒisaN]　　くじゃく[kɯʒakɯ]

- 어두 및 ん뒤→ [dz]

  例：ざせき[dzaseki]　　　ずばり[dzɯbaɾi]
  　　ぜいきん[dzeːkiN]　　ぞうり[dzoːɾi]　　　みんぞく[mindzokɯ]

※ 조음점과 조음법의 차이로 한국인 일본어학습자는「ぞうり・みんぞく(民族)」를 많은 학습자들이「じょうり・みんじょく」로 발음하는 것을 볼 수 있다. 이와 같은 현상은 한국어의「ㅅ,ㅆ,ㅈ,ㅉ,ㅊ」등의 발음은 일본어의「じょ」와 같은 조음점(歯茎硬口蓋音)을 가지고 있기 때문이다.

- 어두의 /i/와/j/ 앞 및 ん다음의 /i/와/j/ 앞→ [ʤ] 또는 [dz]

  例：じもと[ʤimoto]　　　じゃり[ʤaɾi]　　　かんじ[kanʤi]
  　　かんじゃ[kanʤa]

- 「な行」의 /i/앞 및 /j/앞

  例：かに[kaɲi]　　　にもの[ɲimono]　　　こんにゃく[koɲɲakɯ]

- 요음(拗音) 발음연습

例 : お客(おきゃく)[okʲakɯ]　　　牛乳(ぎゅうにゅう)[gʲɯːɲɯː]
　　處理(しょり)[ʃoɾi]　　　　　中心(ちゅうしん)[tʃɯːʃiN]
　　標準語(ひょうじゅんご)[ço:zɯŋgo]
　　山脈(さんみゃく)[sammʲakɯ]　両親(りょうしん)[rʲoːʃiN]
　　発表(はっぴょう)[hapʲpʲoː]

2007

9. 다음 대립하는 2가지 '音声(おんせい)'는 각각 어떤 음을 가리키는지 한자(漢字)로 쓰고, 그 대립하는 구체적인 변별소성(弁別素性)을 〈보기〉에서 골라 번호를 쓰시오. [3점]

> 日本語には軟口蓋破裂音 [k, g] の対立があり、韓国などアジア系の多くの学習者にとって、大きな泣き所ともいわれている。この問題は [t, d] [p, b] などの破裂音の対立や、さらには摩擦音 [s, z] [ʃ, ʒ] にも及ぶことである。

〈보기〉

① 唇の閉鎖　　　　② 唇の振動　　　　③ 声帯の振動
④ 声門の閉鎖　　　⑤ 歯茎の使用　　　⑥ 硬口蓋の使用

- 음의 종류 : [k, t, p, s, ʃ] －　　　[g, d, b, z, ʒ] －
- 변별소성 : (　　　　　　)

일본어의 子音과 半母音의 IPA표기

調音法 \ 調音点		兩脣音	歯茎音	歯茎硬口蓋音	硬口蓋音	兩脣·軟口蓋音	軟口蓋音	口蓋垂音	声門音
鼻音 비음	有声音	m	n	ɲ にく [ɲikɯ]			ŋ	N にほん [ɲihoN]	
破裂音 파열음	無声音	p	t				k		ʔ あっ! [aʔ]
	有声音	b	d				g		
摩擦音 마찰음	無声音	ɸ ふね [ɸɯne]	s	ʃ(ɕ) ざっし [dzaʃʃi]	ç ひかり [çikaɾi]				h
	有声音		z ちず [tʃizɯ]	ʒ(ʑ) かじ [kaʒi]					ɦ はは [haɦa]
破擦音 파찰음	無声音		ts つま [tsɯma]	tʃ(tɕ) いち [itʃi]					
	有声音		dz ぞう [dzoː]	dʒ(dz) じかん [dʒikaN]					
はじき音 탄설음	有声音		ɾ のり [noɾi]						
半母音	有声音				j やま [jama]	w かいわ [kaiwa]			

한국어 자음의 IPA표기

		兩脣 (양순음)	齒莖 (치경음)	齒莖·硬口蓋 (치경경구개음)	軟口蓋 (연구개음)	声門 (성문음)
破裂音 (폐쇄음)	平音	p(ㅂ)불	t(ㄷ)달		k(ㄱ)	
	激音	pʰ(ㅍ)풀	tʰ(ㅌ)탈		kʰ(ㅋ)	
	濃音	p'(ㅃ)뿔	t'(ㄸ)딸		k'(ㄲ)	
破擦音	平音			tɕ(ㅈ)		
	激音			tɕʰ(ㅊ)		
	濃音			tɕ'(ㅉ)		
摩擦音	平音			s(ㅅ)		h(ㅎ)
	激音					
	濃音			s'(ㅆ)		
鼻音		m(ㅁ)	n(ㄴ)		ŋ(ㅇ)	
弾音 (설측음)			l(ㄹ)			

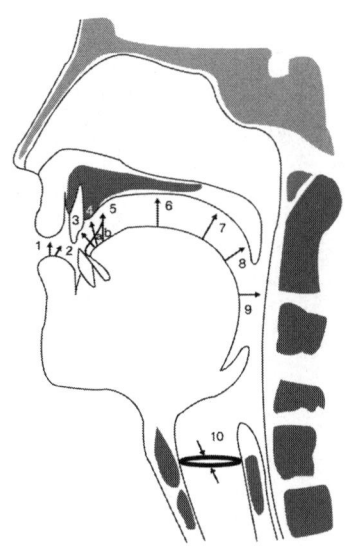

그림3 子音의 調音 호칭

그림3 참고문헌, 斎藤純男(2005)p.20 참조

1 両唇音(りょうしんおん)　　6 硬口蓋音(こうこうがいおん)
2 唇歯音(しんしおん)　　　　7 軟口蓋音(なんこうがいおん)
3 歯音(しおん)　　　　　　　8 口蓋垂音(こうがいすいおん)
4 歯茎音(しけいおん・はぐきおん)　9 咽頭音(いんとうおん)
5a そり舌音(そりじたおん)　　10 声門音(せいもんおん)
5b 後部歯茎音(こうぶしけいおん)

　　子音은 調音 장소에 따라 10종으로 분류된다. 위의 (그림⟨3⟩)접근이나 접촉하는 상하의 調音器官은 각각 서로 마주보는 부분끼리다. 調音 장소의 명칭은 주로 고정되어있어, 움직이지 않는 調音器官을 기준으로 하지만, 자유롭게 혀끝이 뒤로 젖혀 이루어지는 것은 調音器官의 부분 명칭이 아니라 혀 모양의 명칭을 사용해 설측음「そり舌音」이라 한다.

5. 音素와 異音

5. 音素와 異音

音素(/ /표시)는 어떠한 언어에 있어서 語의 의미 구별에 도움을 준다. 음성적 유사점을 가지는 音의 집합이라 할 수 있다. 특정의 언어를 대상으로 그 언어를 母語로 하는 자가, 어떤 音과 어떤 音을 구별하여 들을 수 있는가를 음성적 데이트로 기술한 것이 音素이다. 따라서 음성 그 자체의 관찰과는 달라, 동일한 음성일지라도 언어에 따라 듣고 분별하는 방법이 달라진다.

여기에 외국어를 습득할 때 어려움이 따른다. 한국 사람이 일본어의「キンメダル[kimmedaɾɯ](금메달)」와「ギンメダル[gimmedaɾɯ](은메달)」를 잘 구분하여 들을 수 없다. 즉 일본어의 유성음과 무성음 구별이 어렵다. 반면 일본사람은「달[tal]・탈[tʰal]」즉 無気音과 有気音의 대립을 지식으로는 알고 있어도 실제로 구분하여 듣기에는 어려움이 따른다. 여기에 濃音인「딸[tʼal]」까지 구분하여 듣는다는 것은 쉬운 일이 아니다. 특히 어려운 것은 하나의 音素에 속하는 실제의 音, 즉 하나의 音이라는 이미지로 듣는 音의 다양성(variation), 異音이다.

異音에는 2종류가 있다. 하나는 전후의 음성 환경에 따라 필연적으로 결정되는「条件異音」이다. 일본어에서는「撥音」이 그 一例이다. 撥音 다음에 어떤 音이 오느냐에 따라 撥音의 발음이 달라진다.

例 : 日本も[ɲihommo]　　日本に[ɲihoɲɲi]　　日本が[ɲihoŋga]
　　 日本と[ɲihonto]　　 日本へ[ɲihoẽe]　　 日本[ɲihoN]

또 다른 하나는 이와 같은 음성 환경이나 조건에 따라 좌우되지 않는「自由異音」이다. 예를 들면,「馬(うま)」/uma/의 발음은 정중한 발음에서는 [ɯma]가 되지만, 격의 없는 회화체에서는 [mma]로 발음 될 때가 있다. 그러나 양쪽 발음 다 커뮤니케이션에는 지장은 없다. 이러한 경우의 [ɯ]와 [m]는 /u/의 自由異音이다. 自由異音의 다른 예를 들면 다음과 같다.

例：梅(うめ)[ɯme] →ンメ[mme]　　うまい[ɯmai] →ンマイ[mmai]
　　埋もれる[ɯmoreɾɯ] →ンモレル[mmoreɾɯ]

1999

★ 11. 次の文を読んで下の質問に答えなさい。〈4点〉

　日本語の教育上、もっとも問題になるのは教師の音声言語に対する意識と教科書、教材の取り扱いである。特に話し言葉を使用してコミュニケーション活動をするとき、音声上のどんな要素(形)が心の態度と情報の伝達に関写するのかを明らかにすることは音声研究上の重要な課題である。<u>日本語の教育においてコミュニケーションの観点から考えられる日本語の文音語の種類をあげ、その特徴を簡単に韓国語で説明しなさい。</u>(300字 程度)

2006

8. 다음 ①~④에서 밑줄 친 부분의 의미를 변별하는 음성적 요소를 모두 쓰시오. [4점]

① ハシデ(<u>橋で</u> / <u>箸で</u> / <u>端で</u>)ご飯を食べます。
② キョウカイ(<u>教会</u> / <u>きょう買い</u> / <u>きょう会</u>)に行きます。
③ 彼女はきれいな先生の妹(<u>きれいな、先生の妹</u> / <u>きれいな先生の、妹</u>)です。
④ A：<u>あしたも雨でしょう。</u>
　 B1：またか。(推量)　B2：さあ。(同意表現)

6. 인토네이션(イントネーション, Intonation)

6. 인토네이션(イントネーション, Intonation)

　발화 중 話者의 표현 의도를 나타내기 위하여 文末 등에서 나타나는 억양을 말함. 악센트는 단어에 따라 고정적이고 객관적이어서 話者의 느낌에 따라 임의로 바꿀 수 없으나, 인토네이션은 의지·감정을 나타내는 심리적인 것으로, 話者의 주관에 의해 항상 변화할 수 있다. 예를 들면「今日は早く帰る」는 억양에 따라 알림·질문·주장 또는 명령의 의미를 나타낸 수 있다. 이와 같이 문말에서 몇 개의 모달리티적인 표현은 일본어 인토네이션의 중요한 기능의 하나라 할 수 있다.

　인토네이션이 바뀌어도 악센트는 동요가 없도록 유의해서 지도해야 한다. 다음에 인토네이션의 유형을 살펴보도록 한다. 상승조에는 긴상상조와 짧은 상승조가 있고, 하강조에도 긴 것과 짧은 것이 있지만, 본서에서는 다음과 같이 크게 5종류로 나누었다.

- 上昇調 ↗

　질문(의문형상승조)이나 권유, 다짐, 확인, 강한 주장이나 고집(강조형 상승조) 등을 나타낼 때 주로 나타난다.

　　あります？↗　　　　　　　　　よかったらどうぞ。↗
　　よくわかったね。↗　　　　　　一緒に行くでしょう。↗

- 下降調 ↘

　불만, 실망 등 의외의 기분을 나타낼 때 주로 나타난다.

　　あした、雨ですか。↘　　　　　本当にだめですか。↘

- 上昇下降調 ↗↘

　　早く！　↗↘　(어린아이가 부모를 재촉할 때)

- 下降上昇調 ↘↗

주로 놀람, 감탄의 기분을 나타낸다.

ああ、びっくりしたわ。↘↗   ああ、きれいだわ。↘↗

- 平(板)調 →

일반 평서문에 전형적으로 나타나는 형으로, 断定이나 말이 아직 계속 됨을 나타낸다. 또한 질문에 대한 대답에서 주로 나타나는 억양이라 할 수 있다.

本を買いました。 → ああ、そしてノートも買いました。

A: いつからですか。↗   B: 金曜日からです。 →

7. 프로미넌스(プロミネンス, Prominence)

7. 프로미넌스(プロミネンス, Prominence)

2001

16. 다음 질문에 답하시오.

　일본어 音調중에서, 악센트·인토네이션과 함께 음성교육상 중요한 위치를 차지하고 있는「프로미넌스(プロミネンス)」에 대하여 설명하시오. (한글로 답할 것, 50字 내외) (2점)

　文中의 어떤 한 부분을 강조하기 위하여, 그 부분을 높게 또는 강하게 또는 길게 발음하여 두드러지게 하여 文의 의미를 명확히 하는 역할을 프로미넌스(プロミネンス=卓立(たくりつ))라 한다. 즉 초점을 나타내기 위한 구체적인 발음방법이라 할 수 있다. 이러한 초점은 다음의 1)예처럼 화자의 의도에 따라 달라지는 것이 있는가 하면, 2)처럼 사회적 습관으로 이미 정해진 규칙이 있는 것도 있다.

　프로미넌스는 Pause(ポーズ=休止)와 Rhythm(リズム)도 관여된다. 話者의 표현의도와 깊게 관계되는 점에서 인토네이션과 공통된다. 인토네이션과 마찬가지로 초점이 달라져도 악센트는 변함이 없다는 것에 유의해야 한다.

1) 임의로 바꿀 수 있는 초점

　「今日は彼女と田舎へ行きます」라는 文은 話者의 의도, 심리상태에 따라 다음 3종류의 강조표현을 할 수 있다.

　(1) **キョーワ** カノジョト イナカヘ イキマス。(いつ)
　(2) キョーワ **カノジョト** イナカヘ イキマス。(だれと)
　(3) キョーワ カノジョト **イナカヘ** イキマス。(どこへ)

2) 사회적 습관으로 고정된 초점(민광준(2002 p.222참조))

(1) 수식을 하는 문절은 수식을 받는 문절보다 높다.

　　▲　　　　　　　　　▲
　おもしろい　　ほんです。　　たなかさんの　　ほんです。

(2) 동작을 나타내는 부분에는 초점이 놓이지 않는다.

　▲　　　　　　　　　▲
　ほんを　よみました。　　がっこうに　　いきました。

(3)「～は～です」와 같은 설명문은 초점이 뒤에 놓인다.

　　　　▲　　　　　　　　　　▲
　これは　ほんです。　　あれは　いくらですか。

8. 포즈(ポーズ, Pause)

8. 포즈(ポーズ, Pause)

　포즈(ポーズ)는 기본적으로는 발화중에 無音구간(silent pause)을 말하는데, 단 促音이나 破裂音은 제외된다. 休止(きゅうし), 間(ま)라고도 한다. 이에 대해「あの」「まー」「えーと」등의 間投詞를 포즈의 일종(field pause)으로 보는 경우도 있다.

　포즈에는 3종류가 있는데, 하나는 숨을 쉬기 위한 포즈이고, 두 번째는 문법적 경계와 관련된 구문적 포즈이다. 이 구문적 포즈는 숨을 멈추는 경우가 많은데, 이것이 적절하지 않으면, 의미를 이해하기 어렵게 된다. 일본어 초급 학습자의 경우, 조사의 앞 등 문절 내에서 포즈를 취하는 경향이 있다. 가능한 한 큰 의미 묶음에서 포즈를 취하도록 지도하는 것이 바람직하다. 세 번째는 듣는 사람의 의미이해를 돕기 위한 의미상의 포즈이다. 예를 들면 다음과 같다.

(1) 田中さん書いた本読んでる。(田中さんが書いた本を私が読む)
(2) 田中さん_#_書いた本読んでる。(だれかが書いた本を田中さんが読む)
(3) あいつぶったことを後悔してる。(私が後悔する)
(4) あいつ_#_ぶったことを後悔してる。(だれかをぶったことをあいつが後悔する)
(5) あのひと**は**_#_やまださんです。(あのひとはだれですか)
(6) あのひと**が**やまださんです。(えーと…どのひとですか)

9. 리듬(リズム・Rhythm)

9. 리듬(リズム·Rhythm)

규칙적으로 일어나는 강약이나 장단의 배치를 리듬이라 한다. 고저악센트를 가지는 일본어 리듬형식은 음수율(音数律) 즉 음절수에 따라 다른 음율을 나타낸다. 특히 일본어는 모라(モーラ)가 等時的으로 반복한다는 모라리듬(モーラリズム)을 가진다. 일본어교육에서는 이러한 모라(拍)에 바탕을 두어 拍감각을 양성하고 있다. 리듬의 규칙은 다음과 같다.

(規則1) 각각의 文節안에서는 SS보다 L이 우선된다. (S는 短音節, L은 長音節)

① ニ ホン ゴ ノ レン シュー ト エー ゴ ノ レン シュー ガ
    S L SS L   L   S   L SS L L S

(規則2) L과 L사이에 S가 있을 경우와 S의 직후에 文節의 끊어짐(切れ目)이 있을 경우

② ソー ダ ロー ト ♯ オ モイ マス。
    L S L S   S L L

(規則3) 文節中에 L이 없고 말의 구성이 특히 확실하지 않으면, 원칙으로 앞에서부터 순서대로 「SS SS…」로 한다.

③ ア タ マ ガ イ タ ク テ
    SS SS SS SS

10. 악센트(アクセント, Accent)

10. 악센트(アクセント, Accent)

1998

★ 6.次の対話文を発音する際、番号のついているところの音節が高く発音される所と、上昇調イントネーションの所をすべて選び、その番号を書きなさい。(2점)

```
        ①②    ③④              ⑤
A：このあめ(雨), 午後にはあがるそうですよ。
       ⑥⑦   ⑧  ⑨                 ⑩
B：あ、そうですか。じゃあ、午後からでかけます。
```

1999

8.次の事項について日本語で説明しなさい(但し、(1)(2)は例を三つ以上あげること)。〈11点〉

(1) 湯桶読み (2点)	(2) 連声 (3点)
(3) 係り結び (2点)	★ (4) 日本語のアクセントの特徴 (3点)

2001

8. 次の問いに答えなさい。

◆ 同音異意語(ミニマルペア)になっている語の中で1拍(mora)目が高く発音される語を ⓐ~ⓗ から選び、その記号を書きなさい。(2점)

ⓐ ハシ(橋)　　ⓒ アサ(朝)　　ⓔ キル(切る)　　ⓖ カウ(買う)
ⓑ ハシ(箸)　　ⓓ アサ(麻)　　ⓕ キル(着る)　　ⓗ カウ(飼う)

1) 초분절음소(超分節音素, suprasegmental phoneme)

음의 강세, 고저, 길이 등 몇 개의 연속적인 분절음에 걸쳐서 대립을 나타내는 음성적 특징을 초분절음소라 한다.

(1) Stress(強弱) Accent : 英語(import수입/import수입하다), 独語, 스페인語 등
(2) Pitch(高低) Accent : 日本語, 경상도 방언
　　동서(高低)●○(同婿) / 동서(低高)○●(東西)
　　신문(高低)●○(訊問) / 신문(低高)○●(新聞)
　　양식(高低)●○(洋食) / 양식(低高)○●(糧食)
(3) Length(長短) Accent : 경상도 방언
　　굴(牡蛎) / 굴:(洞窟)　　　눈(目) / 눈:(雪)
　　발(足) / 발:(簾)　　　　　밤(夜)/밤:(栗)
(4) Juncture(連接) : 아버지가 ∨ 방에 들어가신다.
　　　　　　　　　아버지 ∨가방에 들어가신다.
　　　　　　　　　ここで ∨ はきものを ぬいでください。
　　　　　　　　　ここでは∨ きものを ぬいでください。

2) 일본어 악센트(日本語のアクセント, accent of Japanese)

일본어 악센트는「하나하나의 語에 대해서 사회적 관습으로 정해진 박(拍) 상호간에 인정이 되는 상대적인 高低 관계의 규칙」이라 할 수 있다.
예를 들면, 동경방언의 2박 이상의 악센트 절에서는「雨(アメ) : 비」의 경우는「ア」를 높게,「メ」쪽을 낮게 발음하고,「飴(アメ) : 사탕」의 경우는「ア」를 낮게,「メ」쪽을 높게 발음한다.

이와 같이 일본어(동경어) 악센트는 음의 고저에 의한 악센트이고, 語 또는 文節에 관하여 사회적 관습으로 정해져 있는 것이 있는데, 그 기능으로는 語의 의미의 변별(弁別)과 문중(文中)에 있어서 語 또는 문절의 끊김을 확실히 하는 역할, 즉 통어적기능(統語的機能)을 한다. 예를 들면, 다음과 같은 것이 있다.

(統語的機能) ※ 진하게 표시된 박이 높게 발음되는 곳이다.
(1) カネオクレタ   ○●●●●   (金をくれた)
(2) カネオクレタ   ○● ○●●   (金, 遅れた)
(3) ニワトリガイタ   ○●●●●●   (鶏がいた)
(4) ニワトリガイタ   ●○ ○●●●   (二羽, 鳥がいた)
(5) キョーヨーガナイ   ○●●●●●○   (教養がない)
(6) キョーヨーガナイ   ●○ ●○○ ●○   (今日, 用がない)

3) 악센트 핵(アクセント核(かく), pitch of accent)

악센트山 또는 악센트滝(たき)라고도 함. 악센트가 있는 拍(내려가는 拍의 바로 직전拍)에 악센트核이 있다. 예)アナタ(貴方(あなた))/ミドリ(緑(みどり))/ミズウミ(湖(みずうみ))(진하게 표시된 부분이 악센트核이 있는 곳) 평판형(平板型(へいばんがた))은 악센트核이 없다. 보통 악센트가 있다고 하는 것은 악센트核이 있다고 하는 말과 같다고 보면 된다.

4) 악센트 표기법

악센트 사전류에 기재되어 있는 악센트는 동경악센트를 표기한 것이 대부분이지만, 그 표기법은 사전, 서적에 따라 다르다.

平板型 へいばんがた	頭高型 あたまたかがた	中高型 なかたかがた	中高型 なかだかがた	尾高型 おだかがた
ワタシ	ナミダ	アナタ	ミズウミ	イモートが
低高高	高低低	低高低	低高高低	低高高高低
○●●	●○○	○●○	○●●○	○●●●○

(1) 『明解日本語アクセント辞典』, 『NHK日本語発音アクセント辞典』 등에는 다음과 같은 선식(線式)으로 기재되어 있다.

　　예) ワタシ　　ナミダ　　アナタ　　ミズウミ　　イモート

(2) 『美しい日本語の発音』 등의 책에는 악센트 핵이 있는 박을 진하게 표시하고 있다.

　　예) ワタシ　　ナ**ミ**ダ　　ア**ナ**タ　　ミズ**ウ**ミ　　イモート

(3) 『小学国語辞典』 등에는 높게 발음되는 박을 진하게 표시했다.

　　예) ワ**タシ**　　**ナ**ミダ　　ア**ナ**タ　　ミ**ズウ**ミ　　イ**モート**

(4) 『新明解国語辞典』『大辞林』 등에서는 평판형(平板型)을 「◎」로 頭高型을 「①」로 두 번째 박에 악센트가 있는 것은 「②」 세 번째 박에 있는 것은 「③」으로 표기했다.

　　예) ワタシ◎　　ナミダ①　　アナタ②　　ミズウミ③　　イモート④

(5) 『日本国語大辞典』에는 平板型는 네모 안에 「0」을, 그 외는 악센트 핵이 있는 박을 네모 안에 「カタカナ」로 표시하고 있다.

　　예) ワタシ⓪　　ナミダ㆑　　アナタ㆑　　ミズウミⓌ　　イモート㆞

(6) 『日本語アクセント教室』에는 stress accent 기호처럼 악센트가 있는 박에 점(点)을 찍어 표시하고 있다. 단, 平板型는 「0」로 표시하고 있다.

   예) わ0　な´　あ　み　い
　　 た　み　な´　ず　も
　　 し　だ　た　う´　う
　　　　　　　　　み　と´

(7) 『和英辞典』에는 로마자를 사용하여 올라가는 拍과 내려가는 拍을 다음과 같이 표시하고 있다.

   예) watasi　　namida　　anata　　mizuumi　　imoto

(8) 단어의 제일 마지막 拍에서 逆으로 헤아리는 방법으로, 주로 외래어 악센트와 품사별로 기본형 악센트를 비교해서 설명할 때 유용한 악센트 표기법이라 할 수 있다. 단 平板型은 「0」로 표시 한다(본서에서도 이와 같은 설명을 할 때는 역역으로 헤아리는 방법과 (2)와 같이 악센트가 있는 곳을 진하게 표시하는 방법을 사용하기로 한다).

   リモコン(0)　　**ラ**ジオ(-3)　　**サ**ッカー(-4)　　エレ**ベ**ーター(-4)

5) 악센트型

(1) 東京式 악센트 : 공통어(표준어)악센트. 東京 시타마찌(下町)를 중심으로한 악센트

(2) 京阪式 악센트 : 京都, 大阪를 중심으로 악센트

(3) 一型 악센트 : 단순악센트. 東北지방의 일부 특히 仙台에서 나타나는 악센트

(4) A, B型 악센트 : 鹿児島(かごしま) 방언에서 나타나는 악센트

▣ 東京式 악센트(일본어 악센트)

◆ 平板式(へいばんしき)ー平板型(へいばんがた)ーいす, つくえ, わたし, がっこう, はな(鼻)ガ

◆ 起伏式(きふくしき)ー 頭高型(あたまだかがた)ーテレビ, なみだ, あいさつ, はな(端)ガ
　　　　　　中高型(なかだかがた)ーあなた, たまご, あさって, みずうみ
　　　　　　尾高型(おだかがた)ーかえりガ, あたまガ, いもうとガ, はな(花)ガ

6) 일본어와 경상도(경남)방언의 악센트 비교

(1) 2음절어

　　●○

　　あめ(雨)・うみ(海)・かき(牡蠣)・はし(箸)・はな(端)

　　/가지(枝)・대구・마늘・명태・아이・은행・하늘

　　○●

　　はな(鼻)が・かき(柿)が

　　/가지(가)(茄子)・딸기(가)・배추(가)・수박(이)・호박(이)

　　○●

　　はな(花)が・はし(橋)が

　　/고무(가)・고추(가)・당신(이)・마음(이)・사과(가)・소금(이)・오이(가)

(2) 3음절어

　　●○○

　　なみだ(涙)・**み**どり(緑)

　　/**며**느리・**아**지매(아줌마의 사투리)・**가**무치(가물치)

　　○●○

　　あ**な**た(貴方)・た**ま**ご(卵)

　　/도**라**지・도**토**리・미**나**리・바**가**지・아**가**씨・아**버**지・아**저**씨・아**줌**마・오**징**어

　　○●●

　　わ**たし**(私)・つ**くえ**(机)

　　/진**달래**・무**궁화**・사**투리**

　　○●●▷

　　あ**たま**(頭)が

　　/고**구마**(가)・곰**팡이**(가)・냉**장고**(가)・비**행기**(가)・사**다리**(가)

　　●●○

　　(동경 악센트에서 나타날 수 없는 형)/**무지**개・**어머**니・**할머**니

(3) 4음절어

　　●○○○

　　あいさつ(挨拶)・**め**いわく(迷惑)/ ×

○●○○

ひまわり(向日葵)・むらさき(紫)/ × (도라지꽃・개나리꽃)

○●●○

みずうみ(湖)

/가다랭이・고슴도치・미꾸라지・숨바꼭질・아주머니・지느러미・지푸라기・코스모스・해바라기

○●●●▶ プラチナが/ ×
○●●● ▷ いもうと(妹)が・おとうと(弟)が/ ×
●●○○(동경 악센트에서 나타날 수 없는 형)/할아버지

7) 동경 악센트의 특징(東京アクセントの特徴, feature of Tokyo-accent)

(1) 1拍째와 2拍째는 반드시 高低 위치관계가 다르다. (진하게 표시된 부분이 악센트가 높게 발음 되는 박)

　　ワタシ(私) ○●●　　　　　　ナミダ(涙) ●○○
　　アナタ(彼方) ○●○　　　　　☆ムカシ(昔) ●●○(×)

(2) 한번 낮아진 후 다시 높아지는 위치관계는 없다.

　　イノチ(命) ●○○　　　　　　ムラサキ(紫) ○●○○
　　ミズウミ(湖) ○●●○　　　　☆オーキニ ○○●○(×)

(3) 마지막 拍이 높게 끝나는 경우, 助詞가 같은 높이로 붙는 경우와 낮게 붙는 경우가 있다.

　　ハナガ(鼻が) ○●▶　　　　　ハナガ(花が) ○●▷

(4) n拍語의 악센트型의 数는 (n+1)개가 된다. 2박어의 예를 들면 다음과 같이 3개의 악센트형으로 나타난다.

ハナ	ハナガ(鼻が)	ハナガ(花が)	ハナガ(端が)
○○	○● ▶	○● ▷	●○ ▷

11. 品詞別 악센트 規則과 活用

11. 品詞別 악센트 規則과 活用

1) 副詞 악센트

(1) 첩어로 된 의성·의태어는 1째拍에 악센트 핵이 오고, 형태가 변함에 따라 악센트도 규칙적으로 변한다.

キラキラ	キ**ラ**ッと	キ**ラ**リと(キラ**リ**と)	**キ**ラキラだ
コロコロ	コ**ロ**ッと	コ**ロ**リと(コロ**リ**と)	**コ**ロコロだ
チラチラ	チ**ラ**ッと	チ**ラ**リと(チラ**リ**と)	**チ**ラチラだ
ニコニコ	ニ**コ**ッと	ニ**コ**リと(ニコ**リ**と)	**ニ**コニコだ
パラパラ	パ**ラ**ッと	パ**ラ**リと(パラ**リ**と)	**パ**ラパラだ

(2) 3拍語로 끝이「と」로 끝나고, 바로 앞에「ッ」「ン」이 있는 경우는 平板型로 발음된다.

　　ソット　　ジット　　ズット　　ホット　　タント(たくさん)　　ポント

(3) 4拍語 가운데 끝이「リ」로 끝나고, 2拍째가「ッ」「ン」가 올 경우는「リ」바로 앞에 악센트가 온다.

アッ**サ**リ	ウッ**ト**リ	ガッ**カ**リ	タッ**プ**リ
ウン**ザ**リ	ノン**ビ**リ	ボン**ヤ**リ	

2) 形容動詞 악센트

(1) 어간이 3박어인 것 중에서「○○か」型은 頭高型으로 발음된다.

かすか(微か)	**し**ずか(静か)	**た**しか(確か)
のどか(閑か)	**は**るか(遥か)	

(2) 어간이 4박어인 것 중 「○○○か」型은 2번째 박에 악센트 핵이 온다.

あきらか(明らか)　　あざやか(鮮やか)　　おだやか(穏やか)
しなやか　　　　　　すこやか(健やか)　　ほがらか(朗らか)
なごやか(和やか)　　にぎやか(賑やか)

3) 外来語 악센트(accent of loan word)

(1) 외래어 악센트의 원칙은 몇 가지 있지만, 대원칙은 뒤에서 3번째 拍에 악센트핵이 온다는 것이다(-3型). 단, 2박어는 뒤에서 3번째 拍이 존재하지 않으므로 頭高型으로 발음된다.

2박어 : アマ　　ガス　　ゴム　　ジャム　　ゼロ　　ドア　　ドル
　　　　バス　　ハム　　パン　　ビル　　プロ　　ミス
3박어 : オイル　　オペラ　　カード　　ガウン　　カメラ　　キャベツ
　　　　キャンプ　　クラス　　ケーキ　　ゲーム　　コート　　ゴルフ
　　　　サイン　　シール　　ジュース　　スープ　　セット　　タイプ
　　　　チーズ　　テープ　　テニス　　テレビ　　トイレ　　トマト
　　　　ナイフ　　ノート　　ヒント　　ペット　　ホテル　　マイク
　　　　メニュー　　ヨット　　ラジオ　　リボン　　ルール　　レンズ
　　　　ロープ
4박어 : スポーツ　　デザート　　デパート　　ブラウス　　ポマード
5박어 : アスファルト　　アルバイト　　エンジニア　　シャンデリア
　　　　バスケット　　ビスケット　　ヘルメット　　マッサージ
6박어 : オリンピック　　クラリネット　　コンクリート
　　　　サンドウィッチ　　ダイヤモンド　　トランペット
7박어 : アイスクリーム　　インフルエンザ
☆ (단 악센트핵이 올 자리에 特殊拍 등이 올 경우는 악센트 핵은 1拍 앞

으로 당겨진다.)

例：**エ**ンジン　　カンバス　　ス**ポ**ンサー (「ン」의 예)

　　カッター　　サッカー　　シャッター (「ッ」의 예)

　　エスカ**レ**ーター　エレ**ベ**ーター　ス**ト**ーリー (「ー」의 예)

　　サイクル　　**タ**イトル　　**バ**イブル (이중모음의 예)

　　キャプテン　ミキサー　　**ネ**クタイ (모음의 무성음화 예)

(2) 오래전부터 일본어에 들어와 일상생활에 자주 사용되어 완전히 일본어화된 단어는 평판형(平板型<small>へいばんがた</small>)으로 발음되는 경향이 있다.

ガラス	コップ	バケツ	ピアノ	ボタン
アイロン	アンテナ	オムレツ	ガソリン	カタログ
グランド	スタンド	スポンジ	テーブル	バリカン
ビロード	ベランダ	マイナス	マネキン	マラソン
メーター	メリヤス	ワイシャツ	アルコール	カンニング
バイオリン	フライパン	ランニング		

또한 어형의 면에서 보면, 축약된 단어(和製英語)중 4박어는 平板型으로 발음되는 경향이 강하다.

　　アフレコ(after-recording)　　エアコン(air condition)

　　エンスト(engine stop)　　　オフコン(office computer)

　　コンビニ(convenience store)　トレパン(training pants)

　　セクハラ(sexual harassment)　パソコン(personal computer)

　　ハンスト(hunger-strike)　　マイコン(microcomputer)

　　マザコン(mother complex)　ラジカセ(radio cassette)

　　リモコン(remote control)　　ロケハン(location hunting)

(3) 새롭게 들어온 말로, 외국어라는 의식이 강하게 남아 있는 단어는 원어 (原語) 악센트를 살려서 발음하는 경향이 있다.

アイデンティティー(idéntity)   アクセント(áccent)
ガイダンス(gúidance)   ターミナル(términal)
マタニティー(matérnity)

4) 固有名詞(人名·地名) 악센트

원칙으로 平板型 아니면 -3型(뒤에서 헤아려 3번째 拍에 악센트가 있는 型)이다. 2박어의 성(姓)이나 이름, 지명 등의 경우는 -2型 아니면 平板型가 된다.

(1) 平板型 : タナカ(田中)   ナカムラ(中村)   サイトー(斎藤)
　　　　　　カオル(香)   マコト(真)   ヒロシマ(広島)
　　　　　　オーサカ(大阪)   トーキョー(東京)

※ 平板型 성(姓)이나 이름에 「~さん·様·君·~ちゃん」 등을 붙여서 발음하는 경우도 平板型이 된다.
　例 : 田中さん(タナカサン)　　中村様(ナカムラサマ)
　　　斎藤君(サイトークン)　　香ちゃん(カオルチャン)

(2) -3型 : カトー(加藤)   サトー(佐藤)   タカハシ(高橋)
　　　　　アイコ(愛子)   キヨシ(喜義)   フクオカ(福岡)
　　　　　シズオカ(静岡)   フクシマ(福島)   ヤマガタ(山形)
　　　　　ニッコウ(日光)   センダイ(仙台)   ホッカイドー(北海道)

※ 日光·仙台·北海道는 뒤에서 3번 째 박에 특수박 등이 와서 -3에서 -4型으로 바뀌었다.

-3型의 성(姓)이나 이름에 「～さん・様・君・～ちゃん」 등을 붙여서 발음하면, 악센트 핵은 달라지지 않아도 -3型은 -5형으로 변화된다. 그러나 지명의 경우는 「ヤマガタ(山形)-3型」가 「ヤマガタケン(山形県)-3型」처럼 악센트 핵은 변화가 있어도 -3型에는 변함이 없다. 「～郡」도 같은 종류에 속한다. 그러나 「～市・～区」가 붙으면, 平板型・-3型 모두 「-2型」로 바뀌고, 「～村」가 붙으면 平板型・-3型 모두 平板型로 변화한다.

例 : 加藤さん(カトーサン)　　　　佐藤様(サトーサマ)
　　 喜義君(キヨシクン)　　　　　愛子ちゃん(アイコチャン)
　　 静岡(シズオカ) → 静岡県(シズオカケン)
　　 宮城(ミヤギ) → 宮城県(ミヤギケン)
　　 新治(ニイハリ) → 新治郡(ニイハリグン)
　　 岡山(オカヤマ) → 岡山市(オカヤマシ)
　　 大阪(オーサカ) → 大阪市(オーサカシ)
　　 長崎(ナガサキ) → 長崎村(ナガサキムラ)
　　 川井(カワイ) → 川井村(カワイムラ)

5) 複合名詞 악센트

後部 구성요소의 악센트型에 의해 복합어 전체 악센트가 결정된다. 前部요소가 平板型든 起伏型든 복합어가 되면 前部요소는 전부 平板型로 변한다. 이와 같이, 일본어 악센트는 단독으로 발음할 경우는 악센트가 변화지 않으나, 복합어나 악센트 구(句)・절(節) 등이 될 경우는 변화한다. 그래서 일본어는 고정(固定)악센트가 아닌 自由악센트라 할 수 있다.

복합어 악센트는 다음과 같이 2가지 형태로 나눌 수 있지만, 전체적으로 볼 때는 後部요소의 1째 拍에 악센트가 오는 형태가 많다고 할 수 있다. 그

이유는 (1)의 예가 많을 뿐만 아니라 (2)의 「イチゴジャム, カミナプキン」처럼 후부요소가 頭高型의 경우도 복합어가 되면, 後部요소의 1째 拍에 악센트가 오기 때문이다.

(1) 後部요소가 平板型의 경우는, 後部요소의 1째 拍에 악센트가 온다.
    スチーム + アイロン → スチームアイロン
    テレビ + アンテナ → テレビアンテナ
    パイプ + オルガン → パイプオルガン
    アカ + シンゴー → アカシンゴー(赤信号)
    カブシキ + カイシャ → カブシキガイシャ(株式会社)
    トーホク + ダイガク → トーホクダイガク(東北大学)

(2) 後部요소가 起伏型인 경우는, 後部요소의 악센트가 전체 복합어 악센트가 된다.
    ウインター + スポーツ → ウインタースポーツ
    クリスマス + ツリー → クリスマスツリー
    イチゴ + ジャム → イチゴジャム(苺ジャム)
    カミ + ナプキン → カミナプキン(紙ナプキン)
    デンキ + ストーブ → デンキストーブ(電気ストーブ)
    キョーイク + イインカイ → キョーイクイインカイ(教育委員会)

※ ニワカ + ユキ → ニワカユキ(にわか雪)의 예는 후부요소가 미고형(尾高型<small>おだかがた</small>)로, 이러한 경우는 두 요소의 경계부근에 새로운 복합어 악센트가 생긴 것이다.

6) 頭高型 名詞

　일본어의 일반명사 악센트는 平板型가 가장 많고, 악센트의 변화에 있어서도 점점 平板化되는 경향(예 : 電車「デ̄ンシャ(-3) → デ̄ンシャ(-3)・デ̄ンシャ → デンシャ(0)」)이 있다. 그래서 두고형(頭高型)악센트를 외워두면 편리하다. 頭高型 악센트는 3박어가 많은 편인데, 최소한 다음의 단어들을 알아 두고, 좀 더 많은 단어가 필요하면, 참고 자료를 참고했으면 한다.

(1) 3박어 : (●○○)

イノチ(命)	エーガ(映画)	カオク(家屋)
カゾク(家族)	カナイ(家内)	キョーミ(興味)
クーキ(空気)	クロー(苦労)	ケシキ(景色)
ゲンキ(元気)	ゲンゴ(言語)	ゴゼン(午前)
サイゴ(最後)	シマイ(姉妹)	シメー(氏名)
ジシン(自身)	スガタ(姿)	セート(生徒)
セカイ(世界)	ゼンブ(全部)	テンキ(天気)
デンキ(電気)	タイド(態度)	ハナビ(花火)
ブンカ(文化)	フベン(不便)	ベンリ(便利)
ミドリ(緑)	メガネ(眼鏡)	ヨーイ(用意)

(2) 4박어 : (●○○○)

アイサツ(挨拶)	キョーダイ(兄弟)	コーカイ(後悔)
コーコー(孝行)	シンセツ(親切)	ショータイ(招待)
セーヨー(西洋)	タイヨー(太陽)	ニンズー(人数)
ミンゾク(民族)	メーワク(迷惑)	ライゲツ(來月)

7) 動詞악센트

동사의 終止形은 平板型 아니면 -2型으로 발음되나(頭高型 動詞7개 제외), 平板型 動詞는 많은 편이 아니고, 대부분이 -2型이므로, 자주 사용되는 平板型 動詞를 암기 해 두면 유용하다.

(1) 平板型 動詞
   2拍 : イウ(言う)　　イク(行く)　　イル(居る・要る)　　カウ(買う)
         カス(貸す)　　キク(聞く)　　キル(着る)　　シル(知る)
         スル(する)　　ネル(寝る)　　ヤル(やる)
   3拍 : アラウ(洗う)　　モラウ(貰う)　　ヒロウ(拾う)　　ワラウ(笑う)
         アガル(上がる)　　カリル(借りる)　　キエル(消える)　　キマル(決まる)
         キメル(決める)　　タリル(足りる)
   4拍 : イタダク(頂く)　　ウカガウ(伺う)　　クラベル(比べる)
         ナラベル(並べる)　　ハジマル(始まる)　　ハジメル(始める)
         ハタラク(働く)　　ミツケル(見つける)

(2) 起伏型 動詞
   2拍 : **ア**ウ(会う)　　**カ**ウ(飼う)　　**カ**ク(書く)　　**キ**ル(切る)
         サス(指す)　　**タ**ツ(立つ)　　**ナ**ス(成す)　　**ヨ**ム(読む)
   3拍 : ア**ル**ク(歩く)　　オ**モ**ウ(思う)　　カ**ケ**ル(かける)
         シャ**ベ**ル(喋る)　　タ**ベ**ル(食べる)　　ナ**ゲ**ル(投げる)
         ハ**シ**ル(走る)　　マ**モ**ル(守る)
   4拍 이상 : シラ**ベ**ル(調べる)　　テツ**ダ**ウ(手伝う)
         カンガ**エ**ル・カン**ガ**エル(考える)

(3) 頭高型 動詞

동사는 平板型 아니면 -2型으로 발음되나, 다음의 7개의 동사는 頭高型으로 발음 된다. 이 동사들은 끝에서 2번째 박에 이중모음(二重母音)이 와서 악센트 핵이 1박 앞으로 당겨져서 -2型이 -3型 즉, 頭高型으로 된 예이다.

예: **カ**エル(帰る)　　**カ**エス(返す)　　**ト**ース(通す)　　**ト**ール(通る)
　　ハイル(入る)　　**マ**イル(参る)　　**モ**ース(申す)

(4) 動詞 악센트의 活用

「ヨンデ」라고 하면 책을 읽으라는 것인지, 택시를 불러달라는 것인지, 악센트 없이는 무슨 의미인지 파악이 어렵다. 그러나 악센트를 넣어 「ヨンデ●○○」라고 발음하면, 책을 읽으라는 의미이고, 平板型 「ヨンで(呼んで)○●●」로 발음하면 후자의 의미가 된다.

이처럼 동사는 활용에 따라 악센트가 변화한다. 그러나 平板型, 起伏型인가에 따라 악센트가 규칙적으로 변화기 때문에, 각각 활용의 예를 하나씩 외워두면, 어떠한 동사를 적용시켜도 똑같이 활용되므로 편리하다.

平板型　　　　　　　　　　　　　　練習

1. 基本型　キク　　　　　　　　　音楽を聞く。
2. ～て → キイテ　　　　　　　　次の発音を聞いて。
3. ～た → キイタ　　　　　　　　そのことは聞いた。
4. ～ない → キカナイ　　　　　　その話は聞かない。
5. ～ます → キキ**マ**ス　　　　　それは聞き**ま**す。
6. ～ば → キ**ケ**バ　　　　　　　ちゃんと聞**け**ば。
7. ～う・よう → キ**コ**ウ　　　　音楽を聞こう。
8. ～たら → キイ**タ**ラ　　　　　ちゃんと聞い**た**ら。
9. ～たり → キイ**タ**リ　　　　　音楽を聞い**た**りします。

10. 〜まで → キク**マ**デ	その話を聞くまで。
11. 〜たい → キキ**タ**イ	早く聞きたい。(聞き**た**いか)
12. 〜ながら → キキ**ナ**ガラ	歌を聞きながら歩く。
13. 〜と → キ**ク**ト	聞くと安心です。
14. 〜か → キ**ク**カ	この曲なら聞くか。
15. 〜そうだ → キキ**ソ**ウダ	この曲なら聞きそうだ。
キク**ソ**ウダ	この曲ばかり聞く**そ**うだ。
16. 〜ようだ → キク**ヨ**ウダ	この曲ばかり聞く**よ**うだ。
17. 〜ないから → キカ**ナ**イカラ	言うこと聞か**な**いから。
18. 〜ないので → キカ**ナ**イノデ	言うこと聞か**な**いので。
19. 〜せる・させる → キカ**セ**ル	クラシックを聞かせる。
20. 〜れる・られる → キカ**レ**ル	いつも音楽が聞かれる。

平板型 동사는 「〜ば, 〜う, 〜たら(〜たり)」를 제외하면, 활용을 해도 平板型 그대로 있다. 「〜たら」와 「〜たり」는 똑같이 활용되고, 악센트도 같이 변화한다. 「聞かない」다음에 「から・ので」가 접속되면, 起伏型로 변함에 주의한다.

「〜ます」는 平板型・起伏型 어떠한 동사가 오더라도 악센트는 「マ」에 온다.

起伏型(-2型)   練習
1. 基本型 → タ**ベ**ル   ご飯を食べる。
2. 〜て → タ**ベ**テ   これ、**食**べて。
3. 〜た → タ**ベ**タ   昨日、**食**べた。
4. 〜ない → タベ**ナ**イ   これは食べない。

5. 〜ます → タベ**マス**　　　　　　先に食べます。
6. 〜ば → タベ**レ**バ　　　　　　　先に食べれば。
7. 〜う・よう → タベ**ヨ**ウ　　　　早く食べよう。
8. 〜たら → **タ**ベタラ　　　　　　早く**食**べたら。
9. 〜たり → **タ**ベタリ　　　　　　**飲**んだり**食**べたりします。
10. 〜まで → タベル**マ**デ　　　　　食べるまで待ちます。
11. 〜たい → タベ**タ**イ　　　　　　全部食べ**た**いですね。
12. 〜ながら → タベ**ナ**ガラ　　　　食べ**な**がら本を読みます。
13. 〜と → タベ**ル**ト　　　　　　　たくさん食べ**る**と、太ります。
14. 〜か → タベル**カ**　　　　　　　これ食べるか。
15. 〜そうだ → タベ**ソ**ウダ　　　　早く食べ**そ**うだ。
　　　　　　　　タベル**ソ**ウダ　　いっぱい食べ**そ**うだ。
16. 〜ようだ → タベル**ヨ**ウだ　　　少し食べ**よ**うだ。
17. 〜ないから → タベ**ナ**イカラ　　早く食べ**な**いから。
18. 〜ないので → タベ**ナ**イノデ　　早く食べ**な**いので。
19. 〜せる・させる → タベサ**セ**ル　犬に食べさ**せ**る。
20. 〜れる・られる → タベラ**レ**ル　たくさん食べら**れ**る。

-2型 동사는 「〜テ・〜タ・〜バ」활용을 할 때는 「テ・タ・バ」의 앞의 앞 박에 악센트가 온다. 예를 들면, 「アルク(歩く)」는 「アルイテ・アルイタ・アルケバ」로 「ル」에 악센트가 오고, 「〜たら・〜たり」도 「たら・たり」를 한 묶음으로 보면, 「たら・たり」의 앞의 앞 박에 악센트가 온다고 할 수 있다. 부정형 「〜ない」는 「食べない・歩かない」처럼 「ない」의 바로 직전 박에 악센트가 온다.

「タベサセル・タベラレル(食べる)」처럼 -2型 동사에 「〜セル(サセル)・

～レル(ラレル)」와 같은 조동사가 접속되면, 악센트 핵은 이동하나, -2型에는 변함이 없다.

頭高型   練習

1. 基本型 → **カ**エル   家へ帰(かえ)る。
2. ～て → **カ**エッテ   早く帰(かえ)って。
3. ～た → **カ**エッタ   もう帰(かえ)った。
4. ～ない → **カ**エラナイ   今日は帰(かえ)らない。
5. ～ます → **カ**エリ**マ**ス   早く帰(かえ)ります
6. ～ば → **カ**エレバ   早く帰(かえ)れば。
7. ～う・よう → **カ**エロウ   早く帰(かえ)**ろ**う。
8. ～たら → **カ**エッタラ   早く帰(かえ)ったら。
9. ～たり → **カ**エッタリ   帰(かえ)ったりします。
10. ～まで → **カ**エルまで   帰(かえ)るまで勉強しなさい。
11. ～たい → **カ**エリ**タ**イ   早く帰(かえ)りたい。
12. ～ながら → **カ**エリ**ナ**ガラ   帰りながら考(かんが)えた。
13. ～と → **カ**エルト   家へ帰(かえ)ると彼がまっていた。
14. ～か → **カ**エルカ   もう帰(かえ)るか。
15. ～そうだ → **カ**エリ**ソ**ウダ   もうちょっとで帰り**そ**うだ。
    カエルソウダ   国へ帰る(かえ)るそうだ。
16. ～ようだ → **カ**エルヨウダ   国へ帰(かえ)るようだ。
17. ～ないから → **カ**エラナイカラ   早く帰(かえ)**ら**ないから。
18. ～ないので → **カ**エラナイノデ   早く帰(かえ)**ら**ないので。
19. ～せる・させる → **カ**エラセル   早く帰(かえ)**ら**せる。
20. ～れる・られる → **カ**エラレル   6時には帰(かえ)**ら**れる。

頭高型 동사 7개는 「～テ(タ)・～タラ(タリ)・～バ」활용의 경우, 첫 째 박에 악센트를 두고, 나머지 활용에 있어서는, -2型 동사와 동일한 악센트를 가진다.

8) 複合動詞 악센트

복합동사 악센트는 복합의 정도가 약한 것「夢見(ゆめみ)る・物言(ものゆ)う」등을 제외하면, 대단히 규칙적이며, 다음과 같이 분류할 수 있다.

「동사 + 동사」의 경우는 前部型이면, 전체가 平板型로 된다. 그러나 최근에는 후자요소가 平板型이면, 전체가 中高型(-2)으로 되고, 前部요소가 中高型의 경우도 中高型으로 발음하는 사람이 많아, 악센트 사전에도 다음과 같이 中高型(-2)을 우세한 악센트로 기재하고 있다.

「형용사 + 동사」의 경우도「～すぎる」등 中高型・平板型가 병존하는 경우를 제외하면, 원칙으로 中高型(-2)이다.

「명사 + 동사」도 앞서 서술한 바와 같이, 복합의 정도가 약한 것을 제외하면, 원칙적으로 中高型(-2)이다.

이처럼 복합동사의 악센트는 전체적으로 볼 때, 최근의 경향은 前部요소의 악센트와 상관없이, 中高型(-2)으로 변화되고 있음을 알 수 있다. 복합어가 되면, 박수가 많아지기 때문에 平板型보다 中高型(-2) 발음이 쉽게 여겨지는 인식에서, 이러한 양상이 나타날 수 있다고 본다.

(1) 동사+동사

振(ふ)る + 出(だ)す → 振り出す(フリ**ダ**ス)

呼(よ)ぶ + 出(だ)す → 呼び出す(ヨビ**ダ**ス)

腫(は)れる + 上(あ)がる → 腫れ上がる(ハレア**ガ**ル)

晴(は)**れ**る + 上(あ)がる → 晴れ上がる(ハレア**ガ**ル・ハレアガル)

歩(ある)く + 回(まわ)る → 歩き回る(アルキマワル・アルキマワル)
話(はな)す + 合(あ)う → 話し合う(ハナシアウ・ハナシアウ)
降(ふ)る + 出(だ)す → 降り出す(フリダス・フリダス)

(2) 형용사(어간)+동사
高(たか)い + 鳴(な)る → 高鳴る(タカナル)
近(ちか)い + つける → 近づける(チカヅケル)
多(おお)い + すぎる → 多すぎる(オースギル・オースギル)

(3) 명사+동사
息(いき) + 詰(つ)まる → 息詰まる(イキヅマル)
裏(うら) + 返(かえ)す → 裏返す(ウラガエス) (返す는 원래 頭高型)
暇(ひま) + 取(と)る → 暇取る(ヒマドル)

9) 形容詞 악센트

動詞 악센트와 같이 기본형(終止形)은 平板型 아니면 -2型으로 발음되나, 활용에 따라 악센트는 변화한다. 형용사는 -2型이 대부분으로, 田代晃式(たしろこうじ)(1988)에서도 형용사 300개중 30개(10%)가 平板型인 것으로 기술하고 있다.

그러나 현재는 이 30개 중에도 *표시의 「アブナイ(危ない), アヤシイ(怪しい), イヤシイ(卑しい), オイシイ(美味しい), ヨロシイ(宜しい)」 등 4박어의 반이 악센트사전 등에 -2型도 병기되어 있고, *표시의 5박어 3개중 2개는 -2型이 더 우세한 형태로 나타나 있어, 平板型라고 볼 수 없다.

이러한 平板型 형용사는 4박 이상의 단어를 중심으로, 압도적으로 많은 起伏型(-2)으로 변화해 가고 있다는 사실을 알 수 있다. 3박어도 최근에 「ア

カイ(赤い)」를 연체형(連体形)으로 발음할 때는, 平板型로 발음되었으나, 종지형(終止形)일 때는 「ア**カ**イ」로 발음하는 사람이 압도적으로 많은 것 (12/13名)으로 조사되었다(拙稿(2004)참조).

(1) 平板型 形容詞(총30개)
  3拍 : アカイ(赤い) アサイ(浅い) アツイ(厚い)
   アマイ(甘い) アライ(荒い) ウスイ(薄い)
   オソイ(遅い) オモイ(重い) カルイ(軽い)
   カタイ(堅い) キツイ(きつい) クライ(暗い)
   ケムイ(煙い) ツライ(辛い) トーイ(遠い)
   ネムイ(眠い) マルイ(丸い)
  4拍 : アカルイ(明るい) *アブナイ(危ない 0, -2)
   *アヤシイ(怪しい 0, -2) *イヤシイ(卑しい 0, -2)
   *オイシイ(美味しい 0, -2) カナシイ(悲しい)
   キイロイ(黄色い) ツメタイ(冷たい)
   ヤサシイ(優しい) *ヨロシイ(宜しい 0, -2)
  5拍 : *ムズカシイ(難しい 0, -2) *ノゾマシイ(望ましい -2, 0)?
   *ナマヌルイ(なまぬるい -2, 0)?

(2) 起伏型 形容詞
  2拍 : **コ**イ(濃い) **ナ**イ(無い) **ヨ**イ(良い)
  3拍 : ア**ツ**イ(暑い・熱い) イ**タ**イ(痛い) ウ**マ**イ(旨い)
   カ**ラ**イ(辛い) サ**ム**イ(寒い) シ**ロ**イ(白い)
   セ**マ**イ(狭い) タ**カ**イ(高い) チ**カ**イ(近い)
   ツ**ヨ**イ(強い) ナ**ガ**イ(長い) ハ**ヤ**イ(早い)

	ヒ**ク**イ(低い)	ヒ**ロ**イ(広い)	フ**カ**イ(深い)
	ホシイ(欲しい)	**ホ**ソイ(細い)	**ヤ**スイ(やすい)
	ヨワイ(弱い)	ワ**カ**イ(若い)	ワ**ル**イ(悪い)
4拍:	ウレ**シ**イ(嬉しい)	オー**キ**イ(大きい)	キビ**シ**イ(厳しい)
	シタ**シ**イ(親しい)	スズ**シ**イ(涼しい)	スッ**パ**イ(酸っぱい)
	タダ**シ**イ(正しい)	チイ**サ**イ(小さい)	マズ**シ**イ(貧しい)
5拍:	アタタ**カ**イ(暖かい)	アタラ**シ**イ(新しい)	ウツク**シ**イ(美しい)
	オモ**シ**ロイ(面白い)	スバラ**シ**イ(素晴らしい)	

(3) 形容詞 악센트의 活用

일반명사가 점점 平板化(平板型으로 변화해 가는 현상) 되어가는 것에 반하여, 형용사 악센트는 앞에서 살펴 본 바와 같이, 平板型가 起伏型으로 변화하고 있음을 알 수 있었다.

형용사 활용에 있어서도 다음과 같이 정해진 규칙이 있음에도 불구하고, 일본어의 형용사 악센트의 변화를 고찰한, 拙稿(2004·2005)에서 調査된 바로는「〜ク・〜ケレバ・カッタ」등의 활용에 있어서, 특히 젊은 층을 중심으로 상당히 많은 악센트 변화가 일어나고 있다는 사실이 밝혀졌다.

예를 들면,「サ**ム**イ(寒い)」는 악센트 규칙에 따르면「**サ**ムク(寒く)·**サ**ムクテ(寒くて)·**サ**ムケレバ(寒ければ)·**サ**ムカッタ(寒かった)」로 발음해야 하나, 20代의 젊은 층에서는「サ**ム**ク·サ**ム**クテ·サ**ム**ケレバ·サ**ム**カッタ」로 발음한 사람이 많아, 악센트 핵이「サ」에서「ム」로 옮겨진 것으로 조사되었다.

이러한 형용사 악센트 변화의 양상은, 한국인 일본어 학습자들에게는 발음하기 쉬운 방향으로 변화되고 있다는 사실은 부정할 수 없다.

平板型 규칙

カルイ(軽い)

カルク(軽く)　　　　　　　カルクテ(軽くて)

カル<u>ケレバ</u>(軽ければ)　　　カル<u>カッタ</u>(軽かった)

カルカ**ロ**ウ(軽かろう)　　　カルイカ(軽いか)

カル**イ**デス(軽いです)　　　カルサ(軽さ)

カルク**ナイ**(軽くない)　　　カルク**ナル**(軽くなる)

カルソウダ(軽そうだ)

平板型 형용사 가운데 「～く」활용과 접미사 「さ」, 양태를 나타내는 「～そうだ」가 접속될 경우는 악센트의 변화 없이, 平板型 그대로 발음된다. 「～ケレバ・～カッタ」가 접속될 경우는 「ケレバ・カッタ」를 각각 한 묶음으로 했을 때, 그것의 바로 직전 박에 악센트가 온다. 예를 들면, 「オ**ソ**ケレバ(遅ければ)・オ**ソ**カッタ(遅かった)/ オ**モ**ケレバ(重ければ)・オ**モ**カッタ(重かった)」 등으로 발음된다.

주의할 점은 의문조사 「～か」와 「～です」가 접속될 경우는, 「カルイ(軽い)→カル**イ**カ(軽いか)・カル**イ**デス(軽いです)/ オソイ(遅い)→オ**ソ**イカ(遅いか)・オ**ソ**イデス(遅いです)」 등으로 平板型가 起伏型로 변화한다는 사실이다.

起伏型 규칙

サムイ(寒い)

サムク(寒く)　　　　　　**サム**クテ(寒くて)

サム<u>ケレバ</u>(寒ければ)　　**サム**<u>カッタ</u>(寒かった)

サムカロウ(寒かろう)　　**サム**イカ(寒いか)

サムイデス(寒いです)　　**サム**サ(寒さ)

サムクナイ(寒くない)　　　　**サムクナル**(寒くなる)
サムソウダ(寒そうだ)

起伏型 형용사의 규칙은 앞의 예처럼, 기본형에「〜ウ・〜ソウダ(推量)・〜カ・〜デス」가 접속되는 경우를 제외하면, 거의가 활용어의 앞의 앞 박에 악센트가 온다.

그러나 다음의 예들은 예외이다.「ない」는 활용어의 앞의 앞 박이 없어, 바로 직전 박에 악센트가 온 경우이고,「すっぱい」는 악센트가 올 부분이「促音」이고, 더욱이「す」는 모음의 무성음화 현상으로 1박 뒤로 물러난 예이다. 또한「大きい・小さい」는 악센트가 와야 될 부분이, 이중모음이라 첫 째 박에 악센트가 온 경우이다.「低い[çikɯi]・深い[ɸɯkai]」는 악센트가 와야 될 박「ひ・ふ」가 모음의 무성음화 현상으로, 1박 뒤로 물러난 경우로 볼 수 있다.

例外

★例外：ない　　　なくなる　　　**なかった**　　　**な**ければ　　　**なく**て
　　　すっぱい　　すっぱくなる　　すっぱかった
　　　　　　　　　すっぱければ　　すっぱくて
　　　大きい　　　おおきくなる　　おおきかった
　　　　　　　　　おおきければ　　おおきくて
　　　小さい　　　ちいさくなる　　ちいさかった
　　　　　　　　　ちいさければ　　ちいさくて
　　　ひくい　　　ひくくなる　　　ひくかった
　　　　　　　　　ひくければ　　　ひくくて
　　　ふかい　　　ふかくなる　　　ふかかった

　　　　　　　　　ふ<u>か</u>ければ　　　　　　ふか<u>くて</u>

10) ミニマル・ペア 악센트

(1) 動詞

　　イル(居る, 要る) → 居ま<u>す</u>・要りま<u>す</u>　　　カウ(買う) → 買<u>い</u>ます
　　<u>イ</u>ル(射る) → <u>い</u>ます　　　　　　　　　　　<u>カ</u>ウ(飼う) → <u>か</u>います

　　カエル(変える, 蛙) → 変<u>え</u>ます　　　　　　キル(着る) → 着<u>き</u>ます
　　<u>カ</u>エル(帰る) → <u>かえ</u>ります　　　　　　　<u>キ</u>ル(切る) → <u>き</u>ります

　　サク(咲く) → 咲<u>き</u>ます　　　　　　　　　スル(する) → します
　　<u>サ</u>ク(裂く) → <u>さ</u>きます　　　　　　　　<u>ス</u>ル(刷る, 抜き取る) → <u>す</u>ります

　　ナル(鳴る) → 鳴<u>り</u>ます　　　　　　　　　ネル(寝る) → 寝<u>ね</u>ます
　　<u>ナ</u>ル(成る) → <u>な</u>ります　　　　　　　　<u>ネ</u>ル(練る) → <u>ね</u>ります

　　ハレル(腫れる) → 腫<u>は</u>れます　　　　　　フル(振る) → 振<u>ふ</u>ります
　　<u>ハ</u>レル(晴れる) → <u>は</u>れます　　　　　　<u>フ</u>ル(降る) → <u>ふ</u>ります

　　ヘル(減る) → 減<u>へ</u>ります　　　　　　　　モル(盛る) → 盛<u>も</u>ります
　　<u>ヘ</u>ル(経る) → <u>へ</u>ます　　　　　　　　　<u>モ</u>ル(漏る) → <u>も</u>ります

(2) 名詞

　　ア<u>カ</u>(垢; 때)　　　　アサ(麻)　　　　イシ(石)

アカ(赤)	**ア**サ(朝)	**イ**シ(医師, 意志, 意思)
イツカ(5日)	**ウ**ミ(膿)	**カ**キ(柿)
イツカ(언젠가)	**ウ**ミ(海)	**カ**キ(牡蛎)
カミ(紙, 髪)	**キ**ョーダイ(鏡台)	**コ**ーカイ(公開)
カミ(神, 上)	キョー**ダ**イ(兄弟)	コー**カ**イ(後悔)
サケ(酒)	**サ**トー(砂糖)	**シ**カイ(司会)
サケ(鮭)	サ**ト**ー(佐藤)	シ**カ**イ(歯科医)
ジドー(自動)	**セ**キ(咳;기침)	**デ**ンキ(伝記)
ジドー(児童)	**セ**キ(席)	デン**キ**(電気)
トシ(年, 歳)	**ハ**シ(端)	**ヒ**ガシ(東)
トシ(都市)	**ハ**シ(橋)	**ヒ**ガシ(干菓子)
	ハシ(箸)	ヒ**ガ**シ(東 - 姓)

△ **ト**シ(年, 歳)を取れば取るほど、**ト**シ(都市)がいやになる。
△ **ハ**シ(箸)の**ハ**シ(端)を持って**ハ**シ(橋)を渡った。
△ **ヒ**ガシ(東)さんが**ヒ**ガシ(干菓子)を持って、**ヒ**ガシ(東)の方へ行った。

ニホン(日本)	**ム**シ(虫)	**モ**モ(桃)
ニホン(2本)	**ム**シ(無視)	**モ**モ(股)

ヨージ(用事・楊枝)

ヨージ(幼児)

(3) 形容詞

　アツイ(厚い)

　ア**ツ**イ(暑い, 熱い)

(4) 품사가 다른 경우

　オモイ(重い)ⓐ　　シャベル(shovel)ⓝ　　タオル(towel)ⓝ
　オ**モ**イ(思い)ⓝ　シャ**ベ**ル(喋る)ⓥ　　タ**オ**ル(手折る)ⓥ

　ハ**ル**(張る)ⓥ　　マ**ク**(巻く)ⓥ　　　　ヤ**ク**(焼く, 妬く)ⓥ
　ハル(春)ⓝ　　　**マ**ク(蒔く)ⓥ　　　　**ヤ**ク(約, 訳)ⓝ
　　　　　　　　　　マク(幕)ⓝ　　　　　　**ヤ**ク(役)ⓝ

■ ミニマル・ペア 악센트 短文練習

(1) 厚(**あつ**)いコートではもう暑(あ**つ**)い。

(2) 雨(**あめ**)の日に飴(あ**め**)を買う。

(3) 医師(**いし**)が石(い**し**)につまずいた。

(4) それ以上(い**じょう**)は異常(**いじょう**)だ。

(5) あれ以来(**いらい**)、依頼(い**らい**)がない。

(6) それは奥(**おく**)に置(お**く**)。

(7) 飼(**か**)うためにいぬを買(**か**)う。

(8) 蛙(**かえる**)の鳴き声を聞きながら家に帰(か**え**)る。

(9) 新しい家具(**かぐ**)のにおいを嗅(**か**)ぐ。

(10) この勝(か)**ち**は価値(**か**ち)がある。

(11) この紙(か**み**)に髪(か**み**)の神(**か**み)がかいてあった。

(12) 兄弟(**きょ**うだい)で鏡台(きょうだい)を運んだ。

(13) いろいろな言語(げ**んご**)の原語(げんご)を研究している。

(14) 資料を公開(こうかい)して後悔(こうかい)した。

(15) 酒(さけ)を飲(の)みながら鮭(**さ**け)を食べた。

(16) 佐藤(**さ**とう)さんは砂糖(さ**と**う)が好きだ。

(17) 彼自身(かれ**じ**しん)、地震(**じ**しん)の研究に自信(じしん)がない。

(18) **セ**ンスのいい扇子(せんす)だ。

(19) 電気(でんき)をつけて伝記(でんき)を読んだ。

(20) 橋(はし)の端(はし)で箸(**は**し)を拾った。

(21) 花(は**な**)に鼻(はな)を近づけた。

(22) 用意(**よ**うい)は容易(ようい)ではない。

11) 準 악센트와 連文節 악센트

トリ(鳥)와 ナク(鳴く)를 각각 발음할 때는, 「トリ(○●), ナク(○●)」「ト・ナ」부분을 「リ・ク」보다 낮게 발음한다. 그러나 「鳥が鳴く」라고 할 경우는 「トリガナク(○●●○●)」로 발음하지 않고, 「トリガナク(○●●●●)」와 같이 「ト」만 낮게 발음되고, 나머지 박은 전부 높게 발음된다. 또한 이 문 앞에 「この」를 넣어서 발음하면, 「コノトリガナク(○●●●●●●)」로 되는데, 이러한 현상을 神保格(じんぼかく)는 준 악센트(準アクセント(じゅん))라 불렀다.

이와 같이 악센트를 모두 단어 레벨에서 발음시키면, 부자연스럽게 되는 경우가 많으므로, 주의가 필요하다.

①은 高에서 低로 변한 곳에 平板型가 오면, 그대로 낮고 평평하게 접속되는 예이고, ②는 平板型에 平板型가 계속 접속되는 예로, 이러한 경우는 그대로 높고, 평평하게 이어진다. 「聞いて + くる + こと」와 같이「平板 + 起伏 + 平板」이 되면,「キイテクルコト(○●●●○○○)」처럼「ク」가 악센트 핵이 되고,「コト」는 (○●低高)가 되는 것이 아니라 (○○低低)로 됨에 주의한다.

起伏式 악센트가 2개 이상 이어지고, 특히 강세나 강조 등이 동반되지 않는 경우는 앞의 예 ③④⑤처럼 된다. 이와 같이 起伏式 악센트는 그 型은 잃지 않으나, 서로 대등한 높이가 되지 않고 뒤로 갈수록 악센트핵이 점점 낮아지는 것에 유의한다.

12. 악센트 연습

12. 악센트 연습

1) 악센트 단문연습1(표기용)

　高(たか)い山(やま)にのぼった。空(そら)は青(あお)く，小(ちい)さい白(しろ)い雲(くも)が飛(と)び，風(かぜ)は涼(すず)しかった。ちょっと寒(さむ)いくらいだった。
　「寒(さむ)ければ，ぼくのコートを着(き)なさい。」
　「このコートは暖(あたた)かそうね，ありがとう。」
　彼女(かのじょ)は日の光(ひかり)がまぶしいらしく，目を細(ほそ)くした。
　「あそこに川(かわ)があるわ，浅(あさ)いかしら。」
　「よく見えないけど深(ふか)いかもしれないよ。」
　「深(ふか)くなければ渡(わた)れるわね。」
　「深(ふか)くなくてもあぶないからよそう。」

2) 악센트 단문연습2(읽기용)

　高(た**か**)い山(や**ま**)にのぼった。空(**そ**ら)は青(**あ**お)く，小(**ち**い)さい白(し**ろ**)い雲(**く**も)が飛(**と**)び，風(か**ぜ**)は涼(**す**ず)しかった。**ちょっと**寒(さ**む**)いくらいだった。
　「寒(**さ**む)ければ，ぼくの**コート**を着(**き**)なさい。」
　「この**コート**は暖(あ**たた**)か**そうね，あり**がとう。」
　彼女(か**のじょ**)は日の光(ひか**り**)がまぶしいらしく，目(**め**)を細(**ほそ**)くした。
　「あそこに川(か**わ**)が**あるわ**，浅(**あ**さ)いかしら。」
　「**よく**見えないけど深(ふ**か**)いかもしれないよ。」

「深(ふか)くなければ渡(わた)れるわね。」
「深(ふか)くなくてもあぶないからよそう。」

3) 短母音과 長母音 악센트 연습

かど[kado](角)   くろ[kɯɾo](黒)
カード[kaːdo](card)   くろう[kɯɾoː](苦労)

しんご[ʃiŋo](新語)   ちず[tʃizɯ](地図)
しんごう[ʃiŋoː](信号)   チーズ[tʃiːzɯ](cheese)

はと[hato](鳩)   ビル[biɾɯ](building)
ハート[haːto](heart)   ビール[biːɾɯ](beer)

ルビ[ɾɯbi](ふりがな)
ルビー[ɾɯbiː](ruby)

ゆそう(輸送) / ゆうそう(郵送)   やど(宿) / ヤード
とる[toɾɯ](取る) / とおる[toːɾɯ]

とけい(時計) / とうけい(統計)   つち(土) / つうち(通知)
せき(席・籍) / せいき(世紀)   すり / すうり(数理)

4) 日本의 地名 악센트 연습

참고로 일본의「1都 1道 2府 43県」과 현청(県庁) 소재지의 악센트를 알아본다. 앞에서 서술한대로 지명은 平板型 아니면 -3型로 나눌 수 있는데,

일본어의 일반명사가 平板型가 압도적으로 많음에도 불구하고, 지명 악센트는 -3型이 압도적으로 많이 나타났다.

- 北海道地方(ほっかいどうちほう)
    ほっ**かい**どう(北海道)　　さっぽろ(札幌)

- 東北地方(とうほくちほう)
    1. あお**も**りけん(青森県)　　★あお**も**り(青森) (★는 県庁 소재지)
    2. **い**わて(岩手)　　　　　　いわてけん(岩手県)　★も**り**おか(盛岡)
    3. **み**やぎ(宮城)　　　　　　みやぎけん(宮城県)　★せ**ん**だい(仙台)(-4)
    4. あき**た**けん(秋田県)　　★**あ**きた(秋田)
    5. やまが**た**けん(山形県)　★や**ま**がた(山形)
    6. ふくし**ま**けん(福島県)　★ふく**し**ま(福島)

- 関東地方(かんとうちほう)
    とう**きょ**うと(東京都)　　とうきょう(東京)

    7. い**ば**らき(茨城)　　いばら**き**けん(茨城県)　　★**み**と(水戸)
    8. **と**ちぎ(栃木)　　　とち**ぎ**けん(栃木県)　　　★うつのみや(宇都宮)
    9. **ぐ**んま(群馬)　　　ぐん**ま**けん(群馬県)　　　★まえばし(前橋)
    10. さいた**ま**けん(埼玉県)　　　　　　　　　　　★さいたま
    11. ち**ば**けん(千葉県)　　　　　　　　　　　　　★**ち**ば(千葉)
    12. か**な**がわ(神奈川)　かなが**わ**けん(神奈川県)　★よこはま(横浜)

- 中部地方(ちゅうぶちほう)

13. に**い**が**た**けん(新潟県)　　　　　★にいがた(新潟)
14. と**や**ま**けん(富山県)　　　　　★とやま(富山)
15. **い**しか**わ**(石川)　いしか**わ**けん(石川県)　★かなざわ(金沢)
16. ふくいけん(福井県)　　　　　★ふくい・ふくい(福井)
17. や**ま**なし(山梨)　　やまな**し**けん(山梨県)　★こうふ(甲府)
18. なが**の**けん(長野県)　　　　　★ながの(長野)
19. ぎふけん(岐阜県)　　　　　★ぎふ(岐阜)
20. し**ず**おかけん(静岡県)　　　　　★しずおか(静岡)
21. **あ**いち(愛知)　　あいちけん(愛知県)　★なごや(名古屋)

- 近畿(関西)地方(きんきちほう)

　きょう**と**ふ(京都府)　　　　　**きょうと**(京都)

　おおさ**か**ふ(大阪府)　　　　　おおさか(大阪)

22. **み**え(三重)　　みえけん(三重県)　　★つ(津)
23. **し**が(滋賀)　　しがけん(滋賀県)　　★お**お**つ(大津)
24. **ひ**ょうご(兵庫)　ひょうごけん(兵庫県)　★こうべ(神戸)
25. ならけん(奈良県)　　　　　★なら(奈良)
26. わかや**ま**けん(和歌山県)　　　　　★わかやま(和歌山)

- 中国地方(ちゅうごくちほう)

27. とっ**と**りけん(鳥取県)　　　　　★とっとり(鳥取)
28. し**ま**ね(島根)　　しま**ね**けん(島根県)　★まつえ(松江)
29. おかや**ま**けん(岡山県)　　　　　★おかやま(岡山)
30. ひろし**ま**けん(広島県)　　　　　★ひろしま(広島)

31. やま**ぐ**ちけん(山口県)　　　　　★やまぐち(山口)

● 四国地方(しこくちほう)
32. と**く**しまけん(徳島県)　　　　　★とくしま(徳島)
33. **か**がわ(香川)　　かが**わ**けん(香川県)　★たかまつ(高松)
34. え**ひ**め(愛媛)　　え**ひ**めけん(愛媛県)　★まつやま(松山)
35. こ**う**ちけん(高知県)　　　　　★こうち(高知)

● 九州地方(きゅうしゅうちほう)
36. ふく**お**かけん(福岡県)　　　★ふくおか(福岡)
37. さ**が**けん(佐賀県)　　　　　★さが(佐賀)
38. な**が**さきけん(長崎県)　　　★ながさき(長崎)
39. くま**も**とけん(熊本県)　　　★くまもと(熊本)
40. お**お**いたけん(大分県)　　　★おおいた(大分)・おおいた
41. み**や**ざきけん(宮崎県)　　　★みやざき(宮崎)
42. か**ご**しまけん(鹿児島県)　　★かごしま(鹿児島)
43. お**き**なわ(沖縄)　おき**な**わけん(沖縄県)　★なは(那覇)

5) 日本人의 姓 베스트200의 악센트 연습

일본인의 姓은 일본인들조차 읽을 수 없을 정도로 그 수가 굉장히 많고, 또 같은 한자의 姓이라도 「読み方」가 다른 경우도 있다. 일본어를 전공하는 학습자는 최소한 일본인의 姓 200개 정도는 읽을 수 있도록 하고, 악센트도 알아두면 많은 도움이 될 것으로 본다.

　姓의 경우는 地名 악센트와는 달리 -3型보다는 平板型가 다소 많은 것으로 調査(저자가 직접 조사) 되었는데(200개의 姓 내에서), 음운의 구조나 음

절수 등에서 어떤 규칙성은 찾을 수 없었다. 그리고 姓과 地名의 발음이 같은 경우, 예를 들면 「上野(**ウエ**ノ)さん・渋谷(**シブ**ヤ)さん」과 地名인 「上野(ウエノ)・渋谷(シブヤ)」가 각각 다른 악센트를 보이는가 하면, 「成田(**ナ**リタ)・福島(フ**ク**シマ)・川口(カ**ワ**グチ)」는 姓과 地名이 같은 -3型으로 나타났다. 「石川(イシカワ)」는 平板型로 姓과 地名이 똑같은 악센트로 나타났다.

※ 일본인의 姓 베스트 200중에서 13.斎藤(サイトー)・71.菊地(キクチ)・84.新井(アライ)는 여러 참고문헌에서 중복으로 기재되어 있었으므로 그대로 기재했음.

1. 佐藤(**サ**トー)	2. 鈴木(スズキ)	3. 高橋(タ**カ**ハシ)
4. 田中(タナカ)	5. 渡辺(ワタナベ)	6. 伊藤(イトー)
7. 小林(コバヤシ)	8. 中村(ナカムラ)	9. 山本(ヤマモト)
10. 加藤(**カ**トー)	11. 吉田(ヨシダ)	12. 山田(ヤマダ)
13. 斎藤(サイトー)	14. 佐々木(ササキ)	15. 山口(ヤマグチ)
16. 松本(マツモト)	17. 木村(キムラ)	18. 井上(イノウエ)
19. 清水(**シ**ミズ)	20. 林(ハヤシ)	21. 阿部(アベ)
22. 山崎(ヤ**マ**ザキ・ヤ**マ**サキ)	23. 池田(イケダ)	24. 中島(ナカジマ)
25. 森(モリ)	26. 石川(イシカワ)	27. 橋本(ハシモト)

※ 지명인 石川도 平板型인 「イシカワ」로 발음된다.

28. 小川(オガワ)	29. 石井(イシイ)	30. 長谷川(ハセガワ)
31. 後藤(ゴトー)	32. 斉藤(サイトー)	33. 山下(ヤマシタ)
34. 藤田(**フ**ジタ)	35. 遠藤(エンドー)	36. 前田(マエダ)
37. 岡田(オカダ)	38. 近藤(コンドー)	39. 青木(アオキ)
40. 村上(ムラカミ)	41. 金子(カネコ)	42. 三浦(ミウラ)

43. 坂本(サカモト)　　44. 福田(フクダ)　　45. 太田(オータ)
46. 田村(**タ**ムラ)　　47. 小野(オノ)　　　48. 藤井(フジイ)
49. 竹内(タ**ケ**ウチ)　50. 中川(ナカガワ)　51. 西村(ニシムラ)
52. 松田(マツダ)　　　53. 中野(ナカノ)　　54. 原田(**ハ**ラダ)
55. 和田(ワダ)　　　　56. 中山(ナカヤマ)　57. 岡本(オカモト)
58. 石田(イシダ)　　　59. 小島(コジマ)　　60. 内田(ウチダ)
61. 森田(**モ**リタ)　　62. 工藤(**ク**ドー)　63. 横山(ヨコヤマ)
64. 酒井(**サ**カイ)　　65. 柴田(**シ**バタ)　66. 原(ハラ)
67. 藤原(フジワラ)　　68. 髙木(タカギ)　　69. 島田(シマダ)
70. 宮崎(ミ**ヤ**ザキ)　71. 菊地(キクチ)　　72. 上田(ウエダ)
73. 桜井(サ**ク**ライ)　74. 安藤(**アン**ドー)　75. 宮本(ミヤモト)
76. 大野(オーノ)　　　77. 丸山(マルヤマ)　78. 今井(イマイ)
79. 大塚(オーツカ)　　80. 千葉(チバ)　　　81. 菅原(スガワラ)

※ 지명인 千葉(チバ)는 「チ」에 악센트가 있다.

82. 村田(ムラタ)　　　83. 武田(タケダ)　　84. 新井(アライ)
85. 野口(**ノ**グチ)　　86. 小山(**コ**ヤマ)　　87. 益田(マスダ)
88. 高田(タカダ)　　89. 平野(ヒ**ラ**ノ)　　90. 岩崎(イワサキ・イワザキ)
91. 上野(**ウエ**ノ)　　92. 佐野(サノ)　　　93. 杉山(スギヤマ)

※ 지명인 上野(ウエノ)는 平板型 악센트로 발음됨에 주의한다.

94. 谷口(タニグチ)　　95. 高野(**タ**カノ)　　96. 松井(マツイ)
97. 野村(ノムラ)　　　98. 渡部(**ワ**タベ)　　99. 河野(コーノ)
100. 古川(フルカワ・**コ**ガワ)　　101. 五十嵐(イ**ガ**ラシ)
102. 市川(イ**チ**カワ)　　　　　103. 吉川(ヨシカワ)
104. 久保(クボ)　　　　　　　　105. 木下(キノシタ)

106. 飯田(イイダ・ハンダ)　107. 藤本(フジモト)　108. 小松(コマツ)
109. 関(**セ**キ)　　　　110. 浜田(ハ**マ**ダ)　　111. 杉本(ス**ギ**モト)
112　福島(フ**ク**シマ)　113. 安田(ヤ**ス**ダ)　　114. 松尾(マ**ツ**オ)

※지명인 福島(フ**ク**シマ)도 -3型인 뒤에서 3번째 박에 악센트가 있다.

115. 水野(ミズノ)　　　116. 北村(キタムラ)　　117. 秋山(ア**キ**ヤマ)
118. 沢田(サワダ)　　　119. 山内(ヤマウチ)　　120. 小沢(オザワ)
121. 川崎(カワサキ・カワザキ)　　122. 中田(ナカタ・ナカダ)
123. 大島(オーシマ・オージマ)　　124. 大橋(**オ**ーハシ・**オ**ーハシ)
125. 星野(**ホ**シノ)　　　　　　　126. 富田(ト**ミ**タ)
127. 本田(ホンダ)　　　128. 久保田(ク**ボ**タ)　129. 岩田(イワタ)
130. 樋口(**ヒ**グチ)　　131. 服部(ハットリ)　　132. 大西(オーニシ)
133. 川口(カ**ワ**グチ)　134. 大久保(オークボ)　135. 永井(**ナ**ガイ)

※ 133번 지명도 같은 악센트(-3)로 발음된다.

136. 吉村(ヨシムラ)　　137. 西川(ニシカワ)　　138. 西田(ニシダ)
139. 平田(ヒラタ)　　　140. 菊地(キクチ)　　　141. 小池(コイケ)
142. 広瀬(**ヒ**ロセ)　　143. 馬場(ババ)　　　　144. 本間(ホンマ)
145. 田口(**タ**グチ)　　146. 川上(カワカミ)　　147. 土屋(ツチヤ)
148. 管野(**カ**ンノ・ス**ガ**ノ)149. 熊谷(ク**マ**ガイ)　150. 川村(カワムラ)
151. 浅野(アサノ)　　　152. 新井(アライ)　　　153. 田辺(**タ**ナベ)
154. 山中(ヤマナカ)　　155. 内藤(ナイトー)　　156. 辻(ツジ)
157. 川島（カワシマ・カワジマ)　　158. 望月(モ**チ**ヅキ)
159. 松岡(マ**ツ**オか)
160. 荒木(**ア**ラキ)　　161. 吉岡(ヨシオカ)　　162. 石原(イシハラ)
163. 東(**ア**ヅマ・**ヒ**ガシ)　　164. 黒田(ク**ロ**タ・ク**ロ**ダ)

165. 関口(セキグチ)

※ 163번은 동쪽의 뜻일 경우 平板型인 (ヒガシ)로 발음됨에 주의한다.

166. 中西(ナカニシ)　167. 大谷(オータニ)　168. 野田(ノダ)
169. 矢野(ヤノ)　170. 松浦(マツウラ)　171. 成田(ナリタ)

※ 지명인 成田도 -3型인「ナリタ」로 발음된다.

172. 大沢(オーサワ)　173. 永田(ナガタ)　174. 須藤(スドー)

※ 지명인 永田는 平板型인「ナガタ」로 발음된다.

175. 鎌田(カマタ)　176. 松下(マツシタ)　177. 早川(ハヤカワ)
178. 松村(マツウラ)　179. 小泉(コイズミ)　180. 宮田(ミヤタ)
181. 石橋(イシバシ)　182. 栗原(クリハラ)　183. 横田(ヨコタ)
184. 森本(モリモト)　185. 篠原(シノハラ)　186. 内山(ウチヤマ)
187. 萩原(ハギワラ)　188. 平井(ヒライ)　189. 伊藤(イトー)
190. 堀(ホリ)　　　　　　　191. 桑原(クワバラ・クワハラ)
192. 岡崎(オカザキ・オカサキ)　193. 西山(ニシヤマ)
194. 渋谷(シブヤ)

※ 지명인 渋谷는 平板型인「シブヤ」로 발음됨에 주의한다.

195. 吉野(ヨシノ)　　　　　196. 尾崎(オザキ・オサキ)
197. 根本(ネモト)　　　　　198. 中沢(ナカザワ・ナカサワ)
199. 高山(タカヤマ)　　　　200. 関根(セキネ)

◆ 日本人の名字ランキング100位

1. 佐藤(さとう)220万
2. 鈴木(すずき)220万

3. 田中(たなか)150万
4. 高橋(たかはし)130万
5. 渡辺(わたなべ)100万
6. 山本(やまもと)100万
7. 伊藤・伊東(いとう)88万
8. 小林(こばやし・おばやし)85万
9. 中村(なかむら)80万
10. 斉藤(さいとう)70万
11. 加藤(かとう)70万
12. 山田(やまだ)60万
13. 吉田(よしだ)55万
14. 佐々木(ささき・さざき)45万
15. 井上(いのうえ・いのかみ・いのえ)45万
16. 木村(きむら)45万
17. 松本(まつもと)40万
18. 清水(しみず・きよみず)40万
19. 林(はやし)40万
20. 山口(やまぐち・やまくち・やまのくち)40万
21. 山崎(やまざき・やまさき)35万
22. 池田(いけだ)35万
23. 中島(なかじま・なかしま・なかのしま)35万
24. 森(もり)35万
25. 橋本(はしもと)35万
26. 小川(おがわ・こがわ)35万
27. 長谷川(はせがわ・ながたにがわ)35万
28. 石川(いしかわ)30万

29. 岡田(おかだ・おかた)30万
30. 青木(あおき)30万
31. 金子(かねこ)30万
32. 内田(うちだ・うちた)30万
33. 太田・大田(おおた)26万
34. 近藤(こんどう)22万
35. 和田(わだ)22万
36. 小島(こじま・おじま)22万
37. 阿部(あべ・あぶ)22万
38. 島田(しまだ)22万
39. 遠藤(えんどう)22万
40. 田村(たむら・たのむら)22万
41. 前田(まえだ・まえた)20万
42. 後藤(ごとう)17万
43. 福田(ふくだ・さきた)17万
44. 藤井(ふじい・くずい)17万
45. 中野(なかの)17万
46. 岡本(おかもと)17万
47. 横山(よこやま)17万
48. 高木(たかぎ・たかき)17万
49. 大塚(おおつか)17万
50. 小山(おやま・こやま)17万
51. 野田(のだ・のた)17万
52. 辻(つじ)17万
53. 村上(むらかみ)14万
54. 原(はら)14万

55. 小野(おの・おぬ・さの)14万
56. 武田(たけだ・たけた)14万
57. 上野(うえの・あがの・かみの・かみつけ・こうずけ)14万
58. 関(せき)14万
59. 吉村(よしむら・きちむら)13万4千
60. 石井(いしい・いわい)13万
61. 三浦(みうら)13万
62. 宮本(みやもと)13万
63. 片山(かたやま)13万
64. 横田(よこた)13万
65. 西川(にしかわ・にしがわ・さいかわ)13万
66. 中川(なかがわ・なかかわ・なかつがわ)13万
67. 北村(きたむら)13万
68. 大野(おおの・おおや・おの)13万
69. 竹内(たけうち・たけのうち)13万
70. 原田(はらだ)13万
71. 松岡(まつおか)13万
72. 矢野(やの)13万
73. 安藤(あんどう)13万
74. 西村(にしむら)13万
75. 森田(もりた)11万
76. 上田(うえだ・うえた・かみた・あげた)11万
77. 野村(のむら)11万
78. 田辺(たなべ・たのべ)11万
79. 石田(いしだ・いした・いわた)11万
80. 中山(なかやま・なかつやま・うちやま)11万

81. 松田(まつだ・まつた)11万
82. 丸山(まるやま)11万
83. 広瀬(ひろせ)11万
84. 山下(やました・やまのした・やまもと)11万
85. 久保(くぼ)11万
86. 松村(まつむら)11万
87. 新井(あらい・にいい)11万
88. 川上(かわかみ・かわがみ)11万
89. 大島(おおしま・おおじま)11万
90. 野口(のぐち・のくち・ののくち)11万
91. 福島(ふくしま・ふくじま・ふぐしま)11万
92. 黒田(くろだ・くろた)11万
93. 増田(ますだ・ましだ・ました)11万
94. 今井(いまい)11万
95. 桜井(さくらい)11万
96. 石原(いしはら・いしわら・いしばら)11万
97. 服部(はっとり・はとり・はった・ふくい・はとりべ)11万
98. 藤原(ふじわら・ふじはら)11万
99. 市川(いちかわ・いちのかわ)10万
100. 菊地(きくち・くくち)10万

6) 日本소설 악센트 연습

黒柳徹子『窓ぎわのトットちゃん』講談社
「授業(じゅぎょう・ジュギョー)」

　お教室(きょうしつ・キョーシツ)が本当(ほんとう・ホントー)の電車(でんしゃ)でかわってると思(おも)ったトットちゃんが、次(つぎ)にかわってると思(おも)ったのは教室(きょうしつ)で座(すわ)る場所(ばしょ)だった。前(まえ)の学校(がっこう・ガッコー)は、だれかさんは、どの机(つくえ)、隣(となり)は誰(だれ)、前(まえ)は誰(だれ)、と決(きま)っていた。ところが、この学校(がっこう)は、どこでも、その日(ひ)の気分(きぶん)や都合(つごう・ツゴー)で、毎日(まいにち)好(す)きなところに座(すわ)っていいのだった。

　そこでトットちゃんはさんざん考(かんが)え、そして見回(みまわ)したあげく、朝(あさ)トットちゃんの次(つぎ)に教室(きょうしつ・キョーシツ)に入(はい)って来(き)た女(おんな)の子(こ)の隣(となり)に座(すわ)ることに決(き)めた。なぜなら、この子(こ)が長(なが)い耳(みみ)をした兎(うさぎ)の絵(え)のついたジャンパースカートをはいていたからだった。

　でも、なによりもかわっていたのは、この学校(がっこう)の授業(じゅぎょう・ジュギョー)のやりかただった。

　ふつうの学校(がっこう)は、一時間目(いちじかんめ)が国語(こくご)なら、国語(こくご)をやって、二時間目(にじかんめ)が算数(さんすう・サンスー)なら、算数(さんすう)というふうに時間割(じかんわ)りの通(とお)りの順番(じゅんばん)なのだけど、この点(てん)この学校(がっこう)は、まるっきり違(ちが)っていた。

　なにしろ、一時間目(いちじかんめ)が始(はじ)まるときに、その日

(ひ)、一日(いちにち)やる時間割(じかんわり)の、全部(ぜんぶ)の科目(かもく)の問題(もんだい)を、女(おんな)の先生(せんせい・センセー)が、黒板(こくばん)にいっぱいに書(か)いちゃって

「さあ、どれでも好(す)きなのから、始(はじ)めてください。」といったんだ。

だから生徒(せいと・セート)は国語(こくご)であろうと、算数(さんすう)であろうと、自分(じぶん)の好(す)きなのから始(はじ)めていっこうに、かまわないのだった。だから、作文(さくぶん)の好(す)きな子(こ)が作文(さくぶん)を書(か)いていると、うしろでは物理(ぶつり)の好(す)きな子(こ)が、アルコールランプに火(ひ)をつけて、フラスコをブクブクやったり、なにかを爆発(ばくはつ)させてる、なんていう光景(こうけい・コーケー)は、どの教室(きょうしつ)でも見(み)られることだった。

この授業(じゅぎょう)のやりかたは、上級(じょうきゅう)になるに従(したが)って、その子供(こども)の興味(きょうみ・キョーミ)を持(も)っているもの、興味(きょうみ)の持(も)ちかた、物(もの)の考(かんが)えかた、そして、個性(こせい・コセー)、といったものが、先生(せんせい)にはっきりわかってくるから、先生(せんせい)にとって、生徒(せいと)を知(し)る上(うえ)で、何(なに)よりの勉強法(べんきょうほう)だった。

また生徒(せいと)にとっても、好(す)きな学科(がっか)からやっていい、というのは、うれしいことだったし、嫌(きら)いな学科(がっか)にしても、学校(がっこう)が終(お)わる時間(じかん)までに、やればいいのだから、なんとか、やりくり出来(でき)た。

従(したが)って、自習(じしゅう)の形式(けいしき・ケーシキ)が多(おお・オー)く、いよいよわからなくなってくると、先生(せんせい)のとこ

ろに聞(き)きに行(い)くか、自分(じぶん)の席(せき)に先生(せんせい)に来(き)ていただいて、納得(なっとく)のいくまで教(おし)えてもらう。そして例題(れいだい・レーダイ)をもらって、また自習(じしゅう)に入(はい)る。これは本当(ほんとう・ホントー)の勉強(べんきょう)だった。だから、先生(せんせい)の話(はなし)や説明(せつめい・セツメー)をボンヤリ聞(き)く、といった事(こと)はないにひとしかった。

トットちゃんたち、一年生(いちねんせい・イチネンセー)は、まだ自習(じしゅう)をするほどの勉強(べんきょう)を始(はじ)めていなかったけど、それでも自分(じぶん)の好(す)きな科目(かもく)から勉強(べんきょう)するということには、かわりなかった。

カタカナ書(か)く子。絵(え)を描(か)く子。本(ほん)を読(よ)んでる子。中(なか)には、体操(たいそう・タイソー)をしている子もいた。トットちゃんの隣(となり)の女(おんな)の子は、もう、ひらがなが書(か)けるらしく、ノートに写(うつ)していた。トットちゃんは、なにもかもが珍(めずら)しくて、ワクワクしちゃって、みんなみたいに、すぐ勉強(べんきょう)というわけにはいかなかった。

そんなとき、トットちゃんのうしろの机(つくえ)の男(おとこ)の子が立ち上がって、黒板(こくばん)のほうに歩(ある)き出(だ)した。ノートを持(も)って。黒板(こくばん)の横(よこ)の机(つくえ)で、他(ほか)の子に何(なに)かを教(おし)えている先生(せんせい)のところに行くらしかった。

その子の歩(ある)くのを、うしろから見(み)たトットちゃんは、それまでキョロキョロしてた動作(どうさ・ドーサ)をピタリと止(と)めて、ほおづえ(ホーヅエ)をつき、じーっとその子を見(み)つめた。その子は歩(ある)くとき足(あし)をひきずっていた。とっても歩(ある)くとき、

体(からだ)がゆれた。始(はじ)めは、わざとしているのか、と思(おも)ったくらいだった。でも、やっぱり、わざとじゃなくて、そういう風(ふう)になっちゃうんだと、しばらく見(み)ていたトットちゃんにわかった。

　その子が、自分(じぶん)の机(つくえ)に戻(もど)って来(く)るのを、トットちゃんは、さっきのほおづえのまま見(み)た。目(め)と目(め)が合(あ)った。その男(おとこ)の子はトットちゃんを見(み)るとニコリと笑(わら)った。トットちゃんもあわててニコリとした。その子がうしろの席(せき)に座(すわ)ると、―――座(すわ)るのも他(ほか)の子より時間(じかん)がかかったんだけど―――トットちゃんはクルリと振(ふ)りむいて、その子に聞(き)いた。

「どうしてそんなふうに歩(ある)くの？」

　その子は、やさしい声(こえ)で静(しず)かに答(こた)えた。とても利口(りこう)そうな声(こえ)だった。

「僕(ぼく)小児麻痺(しょうにまひ)なんだ。」

「小児麻痺(しょうにまひ)？」

　トットちゃんは、それまでそういうことばを聞(き)いたことがなかったから、聞きかえした。その子は少(すこ)し小(ちい)さい声(こえ)でいった。

「そう、小児麻痺(しょうにまひ)。足(あし)だけじゃないよ。手(て)だって……」

　そういうと、その子は長(なが)い指(ゆび)と指(ゆび)が、くっついて曲(ま)がったみたいになった手(て)を出(だ)した。トットちゃんは、その左手(ひだりて)を見(み)ながら

「なおらないの？」

と心配(しんぱい)になって聞いた。その子は黙(だま)っていた。トットちゃんは、悪(わる)いことを聞いたのかと悲(かな)しくなった。すると、その子は、明(あか)るい声(こえ)でいった。
「僕(ぼく)の名前(なまえ)は、やまもとやすあき。君(きみ)は？」
トットちゃんは、その子が元気(げんき)な声(こえ)を出(だ)したので、うれしくなって、大(おお)きな声(こえ)でいった。
「トットちゃんよ」
こうして山本泰明(やまもとやすあき)ちゃんと、トットちゃんのおともだちづきあいが始(はじ)まった。
電車(でんしゃ)の中(なか)は、暖(あたた)かい日差(ひざ)しで暑(あつ)いくらいだった。誰(だれ)かが窓(まど)を開(あ)けた。新(あたら)しい春(はる)の風(かぜ)が、電車(でんしゃ)の中(なか)を通(とお)り抜(ぬ)け、子供(こども)たちの髪(かみ)の毛が歌(うた)っているように飛びはねた。
トットちゃんのトモエでの第一日目(だいいちにちめ)は、こんなふうに始(はじ)まったのだった。

119

7) 頭高型 악센트 연습

(1) 3拍語의 頭高型 악센트(●○○)

あっか(悪化)	あさひ(朝日)	いがい(以外)	いこう(以降)
いじょう(以上)	いけん(意見)	いしょく(衣食)	いぜん(以前)
いらい(以來)	いのち(命)	えいが(映画)	えんぎ(演技)
かぞく(家族)	かだん(花壇)	かっこ(括弧)	かない(家内)
かへい(貨幣)	からす(烏)	かんご(看護)	かんぶ(幹部)
きぞく(貴族)	きょうみ(興味)	くうき(空気)	くろう(苦勞)
けしき(景色)	げんき(元気)	げんご(言語)	こうか(高価)
ごうか(豪華)	ごぜん(午前)	こっき(克己)	こんき(婚期)
さいご(最後)	さんち(産地)	しがい(市外)	じこう(事項)
じしん(自身)	じたい(辞退)	じどう(児童)	しまい(姉妹)
しめい(氏名)	しゃかい(社会)	じょうし(上司)	じょうぶ(上部)
じぶつ(事物)	すがた(姿)	せいき(世紀)	せいか(成果)
せいしょ(聖書)	せいと(生徒)	せかい(世界)	ぜんぶ(全部)
たいど(態度)	たんい(単位)	ていど(程度)	てんき(天気)
でんき(電気)	とうじ(当時)	どうき(同期)	ぶんか(文化)
のはら(野原)	はなび(花火)	びじん(美人)	ふうふ(夫婦)
ふべん(不便)	めがね(眼鏡)	みょうじ(名字)	みどり(緑)
ようい(用意)	ようし(要旨)	ようじ(幼児)	ようそ(要素)

(2) 4拍語의 頭高型 악센트(●○○○)

あんざん(安産)	あいさつ(挨拶)	いっぷん(一分)
えんちょう(園長)	おうしゅう(欧州)	かんとう(関東)
きょうだい(兄弟)	ぐんたい(軍隊)	けんどう(剣道)

こうかい(後悔)	こうこう(孝行)	こうせい(後世)
しんせつ(親切)	しょうたい(招待)	しょうてん(商店)
しんきゅう(新旧)	すいしょう(水晶)	せいぶん(成分)
せいよう(西洋)	ぜんあく(善悪)	せんこう(線香)
ぜんせい(前世)	せんとう(銭湯)	そうちょう(総長)
たいがい(体外)	たいしょう(大将)	だいしょう(大小)
だいじん(大臣)	たいよう(太陽)	ていこく(帝国)
とうぶん(糖分)	とうよう(東洋)	ないかく(内閣)
にんずう(人数)	はいけい(拝啓)	はんじょう(繁盛)
みんぞく(民族)	めいわく(迷惑)	ようじん(用心)
らいげつ(来月)		

13. 会話体에서 나타나기 쉬운 발음 현상

13. 会話体에서 나타나기 쉬운 발음 현상

長音은「がっこう →がっこ」「そういうこと →そゆこと」처럼 短音化되기 쉽다.「かっこいい」「さようなら →さよなら」「めんどくさい」등과 같이 어형이 안정된 語도 많다. 長音이 아니더라도, 같은 母音이 연속되면,「あぶらあげ →あぶらげ」로 되는 예가 있지만, 회화체에서도「〜だとおもった →〜だともった」와 같이 동음생략(同音省略)이 일어나는 경우도 있다.

1) 축약형(縮約形)

2002

5-2. 다음 밑줄 친 부분을 축약형(縮約形)으로 고쳐 쓰시오. (2점)
(1) それで食べ物やラジオなどを<u>準備しておいた</u>ほうがいいわよ。
(2) みんな忙しいから今日は<u>来ては</u>だめだよ。

2004

5-3. (보기)와 같이 ☐에 알맞은 축약형을 쓰시오. (1점)

―――――――――― (보기) ――――――――――
行けば → 行きゃ

行ければ → ☐

2005

9. 다음은 실제의 언어 사용 장면에서 많이 사용되는 축약 표현의 예이다. ①과 ②를 축약 이전의 형태로 쓰시오. (2점)

なに<u>してんの</u>。<u>やめたきゃ</u>、やめなさい。
　　　①　　　　②

2008

11. 다음 단어들의 축약형을 쓰시오. 단, 축약형이 한자(漢字)인 경우는 반드시 괄호 안에 후리가나(振り仮名)를 쓰시오. [3점]

㉮ デジタルカメラ　　㉯ アポイントメント　　㉰ 青森函館トンネル

㉮ _____　㉯ _____　㉰ _____（_____）

축약형은 사용자에게 있어서는 발음하기가 쉽고, 아주 자연스럽게 들리지만, 외국어로서 학습하려고 하는 日本語 学習者에게는 완전히 다르게 받아져 意味 파악이 힘든 경우가 허다하다. 축약형이 나타나는 경우는, 자연스러운 会話体 뿐만 아니라, 公的인 장면에서 그렇게 빠르지 않은 会話体에서도 꽤 빈번하게 관찰된다. 여기에 대표적인 축약형의 예를 제시하도록 한다. (『日本語教育ハンドブック』pp.228-231참조)

(1) 助詞「は」에 관한 것

書きは⇒ 書きゃ　　　急ぎは⇒ 急ぎゃ　　　行っては⇒ 行っちゃ
では⇒ じゃ　　　　　なくしは⇒ なくしゃ　飲みは⇒ 飲みゃ
飲んでは⇒ 飲んじゃ　こっちは⇒ こっちゃ　そこには⇒ そこにゃ
ありは⇒ ありゃ　　　あれは⇒ ありゃ　　　それは⇒ そりゃ⇒ そら
これは⇒ こりゃ⇒ こら　　　　　　　　　　ぼくは⇒ ぼか

(2)「〜テ」形에 관한 것
①「い」가 생략되는 경우

生きていく⇒ 生きてく　着ていく⇒ 着てく　していく⇒ してく
来ている⇒ 来てる　　　見ている⇒ 見てる　死んでいく⇒ 死んでく

喜んでいる ⇒ 喜んでる

※ 「～た」「～ます」「～ました」形이 접속되어도 동일하다.

② 「て＋あ」→「た」, 「て＋お」→「と」로 되는 등 「e」가 생략되는 경우
　　見てあげる ⇒ 見たげる　　　　　読んであげる ⇒ 読んだげる
　　閉めておいて ⇒ 閉めといた　　　読んでおいた ⇒ 読んどいた
　　やっておく ⇒ やっとく　　　　　ほおっておけ ⇒ ほっとけ
　　来てしまう ⇒ 来ちまう ⇒ 来ちゃう
　　書いてしまう ⇒ 書いちまう ⇒ 書いちゃう

(3) 「(仮定の)ば」에 관한 것
　　いけば⇒いきゃ　　　　泣けば⇒なきゃ　　　　あれば⇒ありゃ
　　早ければ⇒早けりゃ⇒はやきゃ　よければ⇒よけりゃ⇒よきゃ
　　なければ⇒なけりゃ⇒なきゃ　　来なければ⇒来なけりゃ⇒来なきゃ

(4) その他
　　あるのです⇒あるんです⇒あんです　～という人⇒～って人
　　友達のところ⇒友達んとこ　　　　まったく⇒ったく
　　そんなものは⇒んーなもな　　　　ほんとうにもう⇒んーとにもう
　　ふざけるのでは⇒ざけんじゃ

2) 발음화(撥音化)

박수가 적어지는 것이 아니기 때문에, 축약형의 종류로 생각하기 어렵지만, 다음과 같은 음운변화의 예도 일본어 학습자에게 주의를 요하는 부분이다.

(1) 「の」의 撥音化

　　～のだ⇒～んだ　　　　　　　　～のです⇒～んです
　　～のだろう⇒～んだろう　　　　～のでしょう⇒～んでしょう
　　～ので⇒～んで　　私のだ⇒私んだ　　～のじゃ⇒～んじゃ

(2) 「ない」에 선행하는 ラ行音의 撥音化

　　わからない⇒わかんない　　　　くだらない⇒くだんない
　　おこらない⇒おこんない　　　　変わらない⇒変わんない
　　来られない⇒来らんない　　　　見られない⇒見らんない
　　くれない⇒くんない　　　　　　知らない⇒知んない

3) 요음의 직음화 현상(拗音の直音化現象)

　　ガイシュツ → ガイシツ(外出)　　キジュツ → キジツ(記述)
　　シュクジツ → シクジツ(祝日)　　シュジュツ → シジツ(手術)
　　シンジュク → シンジク(新宿)　　ハラジュク → ハラジク(原宿)

　앞의 예처럼「シュ」「ジュ」가「シ」「ジ」로 변화하여 발음되는 현상을 요음의 직음화 현상이라 한다.

4) 촉음화 현상(促音化現象)

　다음의 예와 같이 母音의 無声音化 현상이 일어나는 박에 促音을 넣어 발음하는 현상으로 東京 특유의 발음 현상이었으나, 근래에 와서는 전국적인 현상으로 나타나고 있다. 三角形(サンカクケー・サンカッケー)와 旅客機(リョカクキ・リョカッキ)등은 어형이 동요(動搖)가 있는 상태라고 할 수 있다.

例：オンガクカイ(音樂会) →オンガッカイ
　　　サンカクケー(三角形) →サンカッケー・サンカクケー
　　　スイゾクカン(水族館) →スイゾッカン
　　　センタクキ(洗濯機) →センタッキ
　　　タイショクキン(退職金) →タイショッキン
　　　リョカクキ(旅客機) →リョカッキ・リョカクキ

5) 연모음의 장음화(連母音의 長音化/ ベランメー口調)

2001

元々はアイ[ai]、オイ[oi]、アエ[ae]の発音が東京方言でエー[e:]に発音される現象(例えば「いたい」が「イテー」になること)を何というのか、書きなさい。(1점)

　원래는 アイ[ai], オイ[oi], アエ[ae]인 발음이 동경방언에서 エー[e:]로 발음할 때가 있다. 이러한 것을 연모음의 장음화 현상 또는 베란메쵸(ベランメー口調)현상이라 한다. 에도시대(江戸時代)초기부터 시작된 현상으로, 동경방언 뿐만 아니라 오우(奥羽, 지금의 東北地方)방언이나 큐슈(九州)방언 등에서도 같은 현상이 보인다.

　예) イタイ(いたい) →イテー　　ウルサイ(煩い) →ウルセー
　　　オマエ(お前) →オメー　　　ヒドイ(酷い) →ヒデー

14. 日本語의 어구성(語構成)에 의한 音의 変化

14. 日本語의 어구성(語構成)에 의한 音의 変化

1) 연탁현상(連濁現象)

2004

5-2. ( ) 안에 들어갈 알맞은 말을 한자(漢字)로 쓰시오. (1점)

> 二つの語が結合する場合に、後にくる語の頭の清音が濁音になることを( )という。

2008

5. 다음은 어떤 단어들이 결합될 때 연탁(連濁)현상이 나타나는가를 설명하기 위한 교수·학습자료이다. 그 중에서 연탁현상이 나타나는 카드 하나를 찾아 기호를 쓰고, 이러한 연탁현상이 나타나는 조건(상황)을 2줄 이내로 설명하시오. [4점]

(카드 A)	(카드 B)	(카드 C)
鼻＋血→ 昔＋話→	新聞＋広告→ 暖房＋器具→	ビデオ＋カメラ→ ビジネス＋ホテル→

- 연탁현상이 나타나는 카드 : _____
- 조건(상황)설명 : _____

두 개의 단어가 복합어가 될 때, 후부의 단어의 語頭가 濁音으로 되는 현상을 말함.

예 : (歯車)葉＋車 → はぐるま

(花火)花 + 火 → はなび
(目薬)目 + 薬 → めぐすり
(腕時計)腕 + 時計 → うでどけい
(拍子木)拍子 + 木 → ひょうしぎ

(1) 「動詞 + 動詞」의 구조로 되어 있을 경우

　話しかける　　ふりかける　　使いすてる　　書きとめる

　단, 転成名詞는 連濁하는 경우가 있다.
　(예: 行きがけ, 通りがかり, つかみどり, 歩きづかれ)

(2) 竝列이나 對等의 관계에 있을 경우

　上下　親子　草木　白黒　高低　田畑　父
　母　野原　山川　読み書き　売り買い　生き死に　開け閉め

(3) 수식관계에 있어서도 後部 第2拍이 濁音인 경우

　くずかご　くず　ざるそば　さつたば　絵ちず
　舌つづみ　絵はがき　朝かぜ　口かず　人かげ
　街かど　鼻かぜ　礼儀ただしい　心さびしい　手きびしい
　ものすごい　ものしずかな

※ 단, 後部 第2拍이 清音인 경우는 다음과 같이 連濁化 한다.
　예: 夜ざくら, 紙ぶくろ, 絵ごころ, 顔じゃしん, 草ぶかい, 計算だかい
　　心ぼそい

(4) 「名詞 + 動詞」로 前部가 後部의 目的格으로 되어있는 轉成名詞는 連濁

하기 어렵다.
絵かき　　　紙きり　　　ゴミすて　　　魚つり　　　肩たたき
貝ひろい　　罪つくり　　塵とり　　　　穴ほり　　　根ほり葉ほり
例外：言葉づかい, 人づかい, 店びらき, 山びらき, 店じまい

(5) 擬声語・擬態語는 連濁하지 않는다.
かんかん照る　　　しくしく泣く　　　からから鳴る
さらさら流れる　　くんくん鳴る　　　するする登る
きいきい言う　　　せかせかする　　　ぱらぱら降ってる
ころころ転んでる　ちらちら見える　　ふらふら歩く
きらきら光る　　　きゃあきゃあ騒ぐ　すやすや眠ってる

(6) 促音직후는 連濁하지 않는다.
これっくらい　　　どれっくらい　　　これっきり
なきっつら　　　　かったるい　　　　ありったけ
※ 단, ハ行音・バ行音이 パ行音(半濁音)이 될 경우가 있다.
書きっぱなし　　　立ちっぱなし　　　だだっぴろい
あけっぴろげ　　　話しっぷり　　　　よっぽど

2) 연성현상(連声現象)(1999・2003임용)

　　두 개의 말이 복합어를 이룰 때 뒷말의 어두 음운에 변화가 생기는 것을 말한다. 즉 -m -n -t 다음에 ア・ヤ・ワ行이 올 때 그것이 マ・ナ・タ 行으로 전화되는 현상을 말한다. 중세 말기까지는 일반적이었으나, 점점 쇠퇴하여 현재까지 남아있는 예는 다음과 같은 것이 있다. 주로 한자음에서 일어나는 현상이다.

예: 三位 サンイ → サンミ　　　　陰陽 オンヨウ → オンミョウ
　　天皇 テンオウ → テンノウ　　　観音 カンオン → カンノン
　　佛音 ブッオン → ブットン　　　雪隠 セツイン → セッチン

2008

19. 〈보기1〉의 예와 〈보기2〉의 현상이 바르게 짝지어진 것은?

〈보기1〉	〈보기2〉
(가) 恋	ㄱ. 連濁
(나) 因縁	ㄴ. 連声
(다) 平仮名	ㄷ. 音便
(라) おはようございます	ㄹ. ハ行転呼音

	(가)	(나)	(다)	(라)
①	ㄴ	ㄱ	ㄷ	ㄹ
②	ㄴ	ㄹ	ㄱ	ㄷ
③	ㄷ	ㄴ	ㄹ	ㄱ
④	ㄹ	ㄱ	ㄷ	ㄴ
⑤	ㄹ	ㄴ	ㄱ	ㄷ

3) 조수사의 음 규칙(助数詞の音規則)

　助数詞는 数字에 붙어서 数詞를 구성하는 접미사이다. 助数詞가 모두 어떠한 数字에 다 붙는 것은 아니다.

「一見」「一睡」는 사용되지만,「二見, 三見… 二睡, 三睡 …」등은 사용되지 않는다. 또한「一工夫」「一苦労」등은 겨우「一-, 二-…」정도이다.「一合目」「一割」등은 일반적으로 1에서 10까지이다. 따라서 접속방법에 관한 音

규칙이 문제가 되는 것은 1에서 10, 혹은 그 이상의 숫자에 접속되는 것이 중심을 이룬다.

助数詞의 音 규칙은 복잡하지만, 『日本語発音アクセント辞典』의 해설편에서「数詞의 발음」「助数詞의 발음」「악센트」등으로 나누어 상세하게 서술하고 있으므로, 이를 참고로 한다.

(1)「数詞 + 助数詞」의 형태로 1에서 10까지 헤아린 경우, 助数詞의 종류에 따라 数詞가 (1)漢語, (2)漢語와 和語의 혼합, (3)和語 등의 그룹으로 나눌 수 있다.

    ① 漢語 : 一 二 三 四 五 六 七 八 九 十
             （いち に さん よん ご ろく なな はち きゅう じゅう）
           → 秒・位・学期・グラム・号・台・ドル・番 등
            一 二 三 四 五 六 七 八 九 十(十)
            （いっ に さん よん ご ろく なな はっ きゅう じゅっ じっ）
           → 冊・才・週・種類・章・足・cm・世紀・世帯・点

    ② 漢語와 和語 : 一 二 三 四 五 六 七 八 九 十
                 （ひと ふた さん よん いつ む なな や きゅう じゅう）
              → 役・場所・編・幕・棟

    ③ 和語 : 一 二 三 四 五 六 七 八 九 十
           （ひと ふた み よ いつ む なな や ここの と）
           → 月・幕目・言・度・晩

(2) 数詞에 접한 경우, 助数詞의 발음에 따른 분류 방법이 있다.
① 변화하지 않는 것
    番目・号・秒・割・時間・年生・名・人・円・メートル
    級・か月・か国・か所・個・曲・ヘルツ・センチ・キロ 등

② 3에 접속되는 助数詞의 어두가 濁音化하고, 나머지는 변하지 않는 것

三階(サンガイ)　　　　三軒(サンゲン)　　　　三升(サンジョー)

三寸(サンズン)　　　　三足(サンゾク)　　　　三尺(サンジャク)

③ 1, 3, 6, 8, 10에 접속되는 助数詞의 어두가 パ行音(半濁音)으로 변하는 것

　　一分(イップン)　　三分(サンプン)　　六分(ロップン)

　　八分(ハップン・ハチフン)　　　　十分(ジュップン・ジップン)

　　一拍(イッパク)　　三拍(サンパク)　　六拍(ロッパク)

　　八拍(ハッパク)　　十拍(ジュッパク・ジッパク)

　　一敗(イッパイ)　　三敗(サンパイ)　　六敗(ロッパイ)

　　八敗(ハッパイ・ハチハイ)　　　　十敗(ジュッパイ・ジッパイ)

그 외 「～泊・～発・～歩」 등이 있다.

④ 1, 3, 6, 8, 10에 접속되는 助数詞의 어두 중 3의 경우가 濁音, 그 외는 パ行音(半濁音)으로 되는 것

　　一匹(イッピキ)　　三匹(サンビキ)　　六匹(ロッピキ)

　　八匹(ハッピキ・ハチヒキ)　　　　十匹(ジュッピキ・ジッピキ)

　　一杯(イッパイ)　　三杯(サンバイ)　　六杯(ロッパイ)

　　八杯(ハッパイ・ハチハイ)　　　　十杯(ジュッパイ・ジッパイ)

⑤ 1, 6, 8, 10 때는 「パ」 또는 「ワ」로 되고, 그 외는 「ワ」로 되는 것

　　一羽(イッパ・イチワ)　　二羽(ニワ)　　　　三羽(サンワ)

　　四羽(ヨンワ)　　　　五羽(ゴワ)　　　　六羽(ロッパ・ロクワ)

　　七羽(シチワ・ナナワ)　　　　八羽(ハッパ・ハチワ)

　　九羽(キューワ・クワ)　　　　十羽(ジュッパ・ジッパ・ジュウワ)

135

4) 모음교체 (母音交替, ablaut, vowel gradation)

하나의 단어 안에서 모음이 다른 모음과 교체되는 것을 말함. 일본어는 「e」음을 꺼려한다는 설이 있는데, 국어학에서는 금후 연구과제로 되어있다.

「e」→「a」　雨(あめ) + 具(ぐ) → 雨具(あまぐ)
　　　　　　雨(あめ) + 窓(まど) → 雨戸(あまど)
「o」→「a」　白(しろ) + 木(き) → 白木(しらき)
「i」→「o」　木(き) + 陰(かげ) → 木陰(こかげ)
　　　　　　木(き) + の + 葉(は) → 木葉(このは)

5) 동화(同化, assimilation)

인접하는 2개 음의 한 쪽이, 다른 쪽을 같은 音 또는 닮은 音으로 변화하는 것을 同化라 한다.
　예: くびす〉きびす　ぬの〉のの　さむい〉さみい

6) 이화(異化, dissimilation)

同化와는 역으로 같은 音 또는 닮은 音의 한쪽이 보다 다른 音으로 변화하는 것을 異化라 한다.
　예: ななか〉なぬか、なのか

7) 음운전도(音韻転倒, 音韻転換, 音位転換, metathesis)

語中에서 2개의 音이 서로 위치를 바꾸는 현상을 말한다. 共時的으로는 일종의 「言い誤り」이고, 어린아이들 말에 많이 보인다.

예 : (消ゴム)kesigomu→kesimogu
(小刀)kogatana→koganata

新たし(あらたし)〉あたらし   しだら〉だらし
茶釜(ちゃがま)〉ちゃまが   晦(つごもり)〉つもごり

8) 음운첨가(音韻添加, addition)

音消失(loss)과는 반대로, 語에 어떤 音이 첨가되는 현상이다. 共時的으로는 아마 발음을 쉽게 하기 위하여, 임시적으로 어떤 음이 첨가되는 것을 말한다.

(1) 어두음 첨가 : ロシア→ おロシア(大和 말에는 ラ行로 시작되는 말이 없어, 발음하기 어려웠으므로 「お」를 첨가했다. 현재는 사용되지 않는다.)

(2) 어중음 첨가 : 場合(ばあい)→ ばわい、ばやい(w, j음 첨가)
試合(しあい)→ しやい(j음 첨가)
鳶(とび)→ とんび
あまり→ あんまり 皆(みな)→ みんな
やはり→ やっぱり、やっぱし
真青(まさお)→ まっさお
春雨(はるあめ)→ はるさめ(s음 첨가)
夫婦(ふふ)→ ふうふ(u음 첨가)

(3) 어말음 첨가 : いや→ いやん

9) 음탈락(音脱落, loss)

語속의 어떤 音이 消失되는 것을 말한다.

(1) 어두음 탈락 : (私) watashi〉atashi

(2) 어중음 탈락 : (かつおぶし) katsuobushi〉katsubushi

　　　　　　　(こんぶ)kombu〉kobu　(たんどん) tandon〉tadon　(顔) kaho〉kao

(3) 어말음 탈락 : (大根) daikon〉daiko

10) 혼효(混淆, Contamination, blending)

형식과 의미가 닮은 2개의 語 또는 構文이 심리적으로 混同・合成되어 새로운 형식이 생기게 되는 것을 말함.

예 : ゆする(揺する) + すすぐ(濯ぐ) → ゆすぐ(濯ぐ)

　　やぶる(破る) + さく(裂く) → やぶく(破く)

　　とらえる(捕らえる) + つかまえる(捕まえる)

　　→ とらまえる(捕らまえる)

　　まがふ(紛ふ) + ちがふ(違ふ) → まちがふ(間違ふ)

　　ゴリラ + クジラ → ゴジラ

　　ライオン + タイガー → ライガー

　　ソフト + ハード → ソード(会社名)

　　smoke + fog → smog

　　magazine+book → mook(잡 지식 서적, 대중 소설 등)

　　政界 + 財界 → 政財界

　　乳児 + 幼児 → 乳幼児

混淆는 발생적으로는 일종의 오용이지만, 어형성의 한 수단으로 의도적으로 행해지는 경우가 있다.

 예 : breakfast + lunch → brunch
   motor + hotel → motel
   Europe + Asia → Eurasia
   짜장면 + 스파게티 → 짜파게티

11) 민간어원설(民間語源説, folk etymology)

言語史에 지식을 가지지 않은 민중이 語의 語源을 형태나 의미에 가깝게 접근하기 위하여 通俗的으로 해석하는 것을 말한다.
 예 : イッショケンメー(一所懸命) → イッショーケンメー(一生懸命)

12) 유추(類推, analogy)

언어 형식이 (수적으로)우세한 쪽으로 끌려가는 것을 유추라 한다.(언어형식이 어떤 규범에 따라 동질적으로 변화하는 것을 말한다.)
 know-knew-known throw-threw-thrown → snow-snew-snown
 ヒ(日)→ ヒル(昼) ヨ(夜)→ヨル와의 대응에 응해서 일어난 것

15. 애니메이션으로 배우는 일본어 발음 연습

魔女の宅急便

1. ラジオ　：西北(せいほく)のカリキア地方(ちほう)の天気予報(てんきよほう)お送(おく)りします。大陸(たいりく)よりはり出した高気圧(こうきあつ)によって、天気(てんき)は全体(ぜんたい)に回復(かいふく)に向かっています。今夜は西北西(せいほくせい)の風(かぜ)、風力(ふうりょく)は3、晴れ。素晴らしい満月(まんげつ)の夜(よる)になるでしょう。明日は晴れでしょう。明後日(あさって)は晴れでしょう。ぴポポーン。次(つぎ)は生鮮食品市況(せいせんしょくひんしきょう)お送(おく)りします。カリキア中央市場(ちゅうおういちば)調(しら)べ、ケイ卵(たまご)は弱(じゃく)ふくみのまま、よりつき……(プツン)

〔玄関(げんかん)〕

2. キキ　：ジジ、今夜(こんや)にきめたわ!!
3. キキ　：出発(しゅっぱつ)よ!!

〔サンルーム〕

4. キキ：　：お母(かあ)さーん!!
    あっ、いらっしゃい。
    お母(かあ)さん、天気予報(てんきよほう)聞いた?↗
    今夜(こんや)晴れるって!絶好(ぜっこう)の満月(まんげつ)だって。
5. コキリ　：キキ、あなた、またお父(とう)さんのラジオ持ち出したの?↗
6. キキ　：ね、いいでしょう。
7. キキ　：ドーラさん、こんにちは。
8. キキ　：わたし決めたの。今夜(こんや)にするわね。

9. コキリ　：だって、あなた!!ゆうべはひとつき延ばすって。
10. キキ　　：次(つぎ)の満月(まんげつ)が晴れるかどうかわからないもの。
　　　　　　わたし、晴れの日に出発(しゅっぱつ)したいの。
11. コキリ　：あ……待ちなさい。キキッ!!
12. コキリ　：フーッ。
13. 婆ちゃん：でかけるって、魔女の修行(しゅぎょう)のこと?
14. コキリ　：ええ。古(ふる)いしきたりなんです。
15. コキリ　：魔女になる子は13歳(じゅうさんさい)になったら家(うち)を出るっていう……。
16. 婆ちゃん：早(はや)いもんだねえ。
　　　　　　キキちゃんがもうそんなになるんだね…。
17. コキリ　：でも、あの年(とし)でひとり立ちなんて、今(いま)の世にあいませんわ。
18. 婆ちゃん：あなたが、この町(まち)に来た日のことをよーくおぼえてますよ。
19. 婆ちゃん：13歳(じゅうさんさい)の小(ちい)さな女(おんな)の子がほうきに乗って空(そら)から降りて来たわ。目をキラキラさせて、ちょっと生(なま)いきそうで……。
20. コキリ　：でも、あの子ったら空(そら)を飛ぶことしか覚(おぼ)えなかったんですよ。
21. コキリ　：この薬(くすり)も、わたしの代(だい)でおしまいですわ。
22. 婆ちゃん：時代(じだい)のせいですよ。何(なに)もかもかわってしまう。
23. 婆ちゃん：でも、わたしのリューマチにはあなたの薬(くすり)がいちばん効くわ……。
24. コキリ　：ふふ……(ありがとう)

〔キキの部屋〕

25. キキ　：あらっ、あんなにせかしたくせにいざとなったらぐずつくのね。

26. ジジ　：ちがうよ。旅立(たびだ)ちは、もっと慎重(しんちょう)に、おごそかに行(おこな)うべきたと思(おも)うんだよ。

27. キキ　：そして一月(ひとつき)延ばして、すてきなボーイフレンドが現(あらわ)れたら、どうするの？♪それこそ出発(しゅっぱつ)できやしないわ。

28. ジジ　：どうなることやら、心配(しんぱい)だね。決めたらすぐの人だから。

29. キキ　：あら、そう。♪

30. キキ　：あたしは贈(おく)り物(もの)のふたをあける時(とき)みたいにワクワクしてるわ。

〔窓の外〕

31. キキ　：お父さーん！わたし、今夜(こんや)発つことにしたの。

32. オキノ：なんだって!?

33. キキ　：さっき、きめたの。

34. オキノ：だって、ほら！来週(らいしゅう)キャンプに行く道具(どうぐ)を借りて来たのに……。

35. キキ　：ごめんなさーい。

36. オキノ：こりゃいかん。

37. オキノ：ああっ!!

〔一階の部屋〕

38. オキノ：(電話で)ありがとう。じゃ、お待ちしてます。

39. オキノ：オキノです。キキが今夜(こんや)発つことになりまして……ええ、そうです。

〔キキの部屋〕

40. コキリ　：よさそうね。
41. キキ　　：せめて、コスモス色(いろ)ならいいのにね。
42. コキリ　：昔(むかし)から魔女の服(ふく)はこうって決まってるのよ。
43. キキ　　：黒猫(くろねこ)ね、黒服(くろふく)で真黒々(まっくろぐろ)だわ。
44. コキリ　：キキ、そんなに形(かたち)にこだわらないの。大切(たいせつ)なのは心(こころ)よ。
45. キキ　　：わかってるわ。心(こころ)の方(ほう)はまかせといて。お見せできなくて残念(ざんねん)
46. コキリ　：そしていつも笑顔(えがお)を忘(わす)れずにね。
47. キキ　　：はーい。
48. コキリ　：落ち着く先(さき)が決まったら、すぐ手紙(てがみ)を書くのよ。
49. キキ　　：お父さん!!あのヲジオちょうだい。
50. キキ　　：ね、ヲジオは?
51. コキリ　：……いいでしょう。
52. キキ　　：やったあ。
53. オキノ　：ははは、とうとう取られてしまったなあ……。
54. オキノ　：どれっ。わたしの小(ちい)さな魔女を見せておくれ。
55. キキ　　：く……。
56. オキノ　：……母(かあ)さんの若(わか)い頃(ころ)によく似てる。
57. キキ　　：お父さん。ねえ、高(たか)い高(たか)いして、小(ちい)さいときみたいに。
58. オキノ　：ようし。
59. キキ&オ：くくくっ、ははははは……

60. オキノ ：あ……はあ(息がぬける)。
61. オキノ ：いつの間に、こんなに大(おお)きくなっちゃったんだろう……。
62. オキノ ：うまく行かなかったら、帰(かえ)ってきていいんだよ。
63. キキ ：そんなことになりませんよーだ。
64. オキノ ：はははは。
65. オキノ ：いい町(まち)が見つかるといいね。
66. キキ ：うん。

〔**月夜のオキノ邸**〕

67. 男子B ：自分(じぶん)で住む町(まち)を見つけるなんて大変(たいへん)だね。
68. 女子B ：大丈夫(だいじょうぶ)よ、キキちゃんなら。
69. 少女A ：ねえねえ、どんな町(まち)にするの?
70. 少女D ：大(おお)きな町(まち)?
71. キキ ：うん。海(うみ)の見えるとこ探(さが)すつもり。
72. 少女ABC ：いいわねー(ゆっくり)。ああ……ちぇっちぇっ。うらやましいなー。
73. キキ ：わたし、修行(しゅぎょう)にいくのよ。よその町(まち)で一年(いちねん)がんばらないと、魔女になれないんだから。
74. 少女A ：でも、ディスクあるんでしょ?↗
75. キキ ：くくく……。
76. 一同 ：はははは。
77. コキリ ：キキ、時間(じかん)よ。
78. キキ ：はーい。
79. コキリ ：あなた、そのほうきで行くの?↗
80. キキ ：うん。新(あたら)しく作(つく)ったの。かわいいでしょ

　　　　　　　う。♪
81. コキリ：だめよ、そんな小(ちい)さなほうきじゃ。お母さんのほうきを持っていきなさい。
82. キキ　：やだー、そんな古(ふる)いの。
83. コキリ：だからいいのよ。よーく使(つか)い込んであるから、嵐(あらし)にもおどろかずに飛ぶわ。
84. コキリ：ね、そうしなさい。
85. キキ　：……せっかく苦労(くろう)して作(つく)ったのに。ねえ、ジジ。
86. ジジ　：ぼくもお母さんのほうきがいいと思(おも)う。
87. キキ　：裏切者(うらぎりもの)!!
88. 婆ちゃん：キキちゃん、町(まち)の暮らしに慣れたら自分(じぶん)のを作(つく)ればいいじゃまい。
89. キキ　：ん〜。
90. コキリ：気をつけて。
91. オキノ：しっかりね。
92. キキ　：行ってきまーす。
93. 少女達：がんばってねー。いってらっしゃーい。手紙(てがみ)ちょうだいね。
94. 少女達：Go Go キーキ!! Go Go キーキ!! うわあ〜〜っ!!
95. コキリ：相変(あいかわ)らず、へたねー。
96. オキノ：大丈夫(だいじょうぶ)だ。無事に行ったようだよ。
97. 男B　：あの鈴(すず)の音も当分(とうぶん)聞けないなあ。

〔村の上空〕

98. ジジ　：どっちへいくの?
99. キキ　：南(みなみ)よ、海(うみ)の見える方(ほう)!!
100. キキ　：ジジ、ラジオつけて。今(いま)手がふさがってるの。早

(はや)く!!
101. キキ　　：こんばんは。
102. 先輩魔女：あら……。
103. 先輩魔女：あなた、新人(しんじん)?
104. キキ　　：はい、今夜(こんや)出発(しゅっぱつ)したばかりです。
105. 先輩魔女：その音楽(おんがく)止めてくださらない?わたし、静(しず)かに飛ぶのが好きなの。
106. キキ　　：あ、あの。知らない町(まち)に住みつくって大変(たいへん)ですか?
107. 先輩魔女：そりゃね。いろいろあったわ。
108. 先輩魔女：でも、わたし占(うらな)いができるのでまあまあやってるわね。
109. キキ　　：占(うらない)……。
110. 先輩魔女：近頃(ちかごろ)は恋占(こいうらな)いもやるのよ。
111. キキ　　：まあ……。
112. 先輩魔女：あなた何(なに)か特技(とくぎ)あって?
113. キキ　　：えっ……いえ。いろいろ考(かんが)えてはいるんですけど……。
114. 先輩魔女：そう。わたしはもうじき修行(しゅぎょう)があけるの。胸(むね)を張って帰(かえ)れるのでうれしいわ。
115. 先輩魔女：あの町(まち)がわたしの町(まち)なの。大(おお)きくはないけど、まあまあって所(ところ)ね。
116. 先輩魔女：あなたもがんばってね。
117. キキ　　：はい。
118. 先輩魔女：じゃあねぇー。
119. ジジ　　：やな感(かん)じ。あの猫(ねこ)見た?べー。
120. キキ　　：特技(とくぎ)か……。

121. キキ　　：くあっ。何(なに)よっ、あの天気予報(てんきよほう)は!!
122. ジジ　　：だめだよ、貨物列車(かもつれっしゃ)だもん!

〔貨物列車の中〕

123. キキ　　：雨(あめ)が止むまで一休(ひとやす)みしよう。
124. ジジ　　：しかられないかな?
125. キキ　　：見つかればね。
126. キキ　　：わー、びしょぬれ。
127. ジジ　　：ここ揺れない?
128. キキ　　：わあ、いいにおい〜〜。

〔貨車の中〕

129. キキ　　：くあっ!!
130. キキ　　：わっ　わっ
131. キキ　　：やはは……やめてぇ。
132. キキ　　：……!!ごめん、あなた達(たち)のごはんって知らなかったの。

〔走る列車〕

133. キキ　　：わーっ。ジジ、海(うみ)よ海。すごーい、はじめて。
134. ジジ　　：なんだ、ただの水(みず)たまりじゃないか。
135. キキ　　：わあー、みてみて!
136. キキ　　：大(おお)きな町(まち)!あの町(まち)に魔女いるかしら?
137. ジジ　　：さあねえ。
138. キキ　　：行くよ。

〔空中〕

139. キキ　　：ジジ、くっついてる!?
140. ジジ　　：ああ……。
141. キキ　　：見て〜!海(うみ)に浮かぶ町(まち)よ。

〔海上〕

142. キキ ：時計塔(とけいとう)よ。わたし、こんな町(まち)に住みたかったの。
143. ジジ ：でも、もう他(ほか)の魔女がいるかもしれないよ。
144. キキ ：いないかもしれないわ。

〔中央広場〕

145. キキ ：すごいねー。
146. ジジ ：ちょっと大(おお)きすぎるよ、この町(まち)。
147. 時計番：いや……。

〔大通り〕

153. ジジ ：本当(ほんとう)におりる気?
154. キキ ：もちろんよ。
155. 人々 ：おお、うわああ～～!!
156. ジジ ：みんな見てるよ。
157. キキ ：笑顔(えがお)よ!第一印象(だいいちいんしょう)を大事(だいじ)にしなきゃ。
158. キキ ：キャっ
159. 人々 ：わあーっ、きゃー
160. キキ ：わあーっ
161. 人々 ：わあ、きゃー

〔交差点〕

162. キキ ：あの、わたし、魔女のキキです。こっちは黒猫(くろねこ)のジジ。お邪魔させていただきます。
163. キキ ：わたし、この町(まち)に住まわせていただきたいんです。きれいだし、時計塔(とけいとう)もすてきだし。
164. おばさん：そう?気にいってもらってよかったわ。
165. 警官 ：君(きみ)、君。

166. 警官　：道路(どうろ)に飛び出しちゃ駄目じゃないか。
167. 警官　：危(あやう)く大事故(だいじこ)になるところだ。町中(まちじゅう)をとびまわるなんて非常識(ひじょうしき)きわまりない。
168. キキ　：でも、わたしは魔女です。魔女は飛ぶものです。
169. 警官　：魔女でも交通規則(こうつうきそく)は守(まも)らなければいかん。
170. 警官　：住所(じゅうしょ)と名前(なまえ)は？
171. キキ　：家(うち)に連絡(れんらく)するの？
172. 警官　：君(きみ)は未成年者(みせいねんしゃ)だろう？必要(ひつよう)があれば、そうすることもある。
173. トンボ：泥棒(どろぼう)〜〜
174. トンボ：泥棒〜〜
175. 警官　：あ……。
176. トンボ：泥棒(どろぼう)〜〜
177. 警官　：君(きみ)はここにいたまえ。

〔裏通り〕

178. ジジ　：キキ。
179. トンボ：ねえねえ。うまくいっだろう？どろぼうっていったの、ぼくなんだぜ。君(きみ)、魔女だろう。飛んでるとこ、見たんだよ。ほんとにほうきで飛ぶんだね。ねえ、そのほうきちょっと見せてくれない？
180. 少年A：トンボー！朝(あさ)っぱらからナンパかよー。
181. トンボ：バカあ!!
182. トンボ：おっと。
183. トンボ：頼(たの)むよ。ちょっとだけ。ねっ、いいだろう。
184. キキ　：助(たす)けてくれて、ありがとう。でも、あなたに助(た

　　　　　　　す)けてっていった覚(おぼ)えはないわ。それに、きちんと紹介(しょうかい)もされていないのに女性(じょせい)に声(こえ)をかけるなんて、失礼(しつれい)よ!!

185. トンボ　：さすが魔女だなあ。ぼくのばあちゃんみたいだ。
186. キキ　　：ついてこないで。
187. トンボ　：ああっ。かっこいー。

〔ホテル〕

188. フロント係：お泊(とま)り……?どなたか保護者(ほごしゃ)の方(かた)はいらっしゃらないのですか?
189. キキ　　：わたしは魔女です。魔女は13歳(じゅうさんさい)でひとり立ちするんです。
190. フロント係：では、身分証明書(みぶんしょうめいしょ)など……。
191. キキ　　：……(ムカッ)けっこうです。

〔公園〕

192. ジジ　　：食べないの?
193. キキ　　：ほしければ、ジジにあげる。
194. ジジ　　：もう夕方(ゆうがた)になっちゃうね……。
195. キキ　　：行きましょ。

〔パン屋の前〕

196. ジジ　　：別(べつ)な町(まち)を探(さが)そうよ。大(おお)きくてもっといい町(まち)があるよ、きっと……。
197. オソノ　：奥(おく)さーん!忘(わす)れもの―。おくさーん!!
198. オソノ　：ああ、困(こま)ったねえ。これがないとあの子、大泣(おおな)きするんだよ。
199. オソノ　：お客(きゃく)さん、悪(わる)いけどちょっと持ってて。これ届(とど)けてくるから。
200. キキ　　：あの、わたしでよければ届(とど)けましょうか?♪

201. オソノ ：え……!?でも……。
202. キキ ：あそこを曲(まが)った乳母車(うばぐるま)の人(ひと)でしょう?
203. オソノ ：じゃ、たのむわ。
204. オソノ ：わるいね。
205. キキ ：いいえ。
206. キキ ：ジジ、行くよ。
207. オソノ ：ああっ　わあおー。

〔下町の路地〕

208. キキ ：パン屋さんにたのまれました。忘(わす)れものです。
209. 赤ん坊 ：ぎゃー。
210. 赤ん坊 ：わーん。わあーん。
211. 赤ん坊 ：あん、あん。

〔パン屋の店内〕

212. オソノ ：ありがとう。
213. オソノ ：お待ちどうさま。
214. オソノ ：いつものね。
215. オソノ ：あっ、ごくろうさん。入(はい)って待ってて。
216. オソノ ：ありがとう。
217. オソノ ：お待ちどうさま。
218. オソノ ：はい、どうも。
219. キキ ：……!?
220. オソノ ：気をつけてね。
221. オソノ ：おどろいちゃったよ。あんた空(そら)飛べるんだねぇ。
222. キキ ：この手紙(てがみ)をあずかって来ました。
223. オソノ ：あのひとのサインじゃない?「おしゃぶり受け取りました、ありがとう」。

224. キキ　　：じゃ、わたしはこれで。
225. オソノ：あっ、待って。
226. オソノ：ねっ、ちょっとよってかない？お礼(れい)もしたいしさ。
227. 亭主　　：お、おい。
228. オソノ：こっちよ。

〔台所〕

229. オソノ：すわって。
230. オソノ：コーヒーがいい？
231. キキ　　：はい。
232. キキ　　：ありがとう。
233. オソノ：きみはこれ。
234. オソノ：なるほどねぇ。
235. オソノ：自分(じぶん)の町(まち)を見つけるってわけか。
236. キキ　　：この町(まち)の方(ほう)は魔女がお好きじゃないみたいですね。
237. オソノ：大(おお)きな町(まち)だからね、いろんなひとがいるさ。でも、あたしは、あんたが気に入ったよ。
238. ジジ　　：……!!
239. オソノ：で、泊まるところはきまったの？
240. キキ　　：……。
241. オソノ：なんだ、そうなら早(はや)くいえばいいのに。家(うち)に空部屋(あきべや)があるから使(つか)っていいよ。
242. キキ　　：ほんとですか！奥(おく)さん!?
243. オソノ：ははは。奥(おく)さんじゃないよ、ここらじゃパン屋のオソノで通(とお)ってるんだよ。
244. キキ　　：わたしキキです。こっちは黒猫(くろねこ)のジジ。

〔屋根裏部屋〕

245. オソノ ：ちょっと汚(きたな)いけど、好きにしていいから。
246. キキ ：はい。
247. オソノ ：水(みず)とトイレは下(した)よ。何(なん)かあったら、遠慮(えんりょ)なくいいなさい。
248. キキ ：ありがとう。
249. ジジ ：粉(こな)だらけだね。
250. キキ ：うん。
251. ジジ ：ぼく、明日(あした)になると白猫(しろねこ)になってるとおもうよ。

〔窓の外〕

252. キキ ：ジジ、海(うみ)が見(み)えるよ。
253. ジジ ：あした、ほかの町(まち)をさがす？
254. キキ ：……。
255. ジジ ：……!?
256. テレビ ：世界(せかい)飛行船(ひこうせん)普及(ふきゅう)連盟(れんめい)が建造(けんぞう)した自由(じゆう)の冒険号(ぼうけんごう)が、南極(なんきょく)を目指(めざ)して出発(しゅっぱつ)しました。
257. ジジ ：あっ。ちぇっ、ちぇっ、気どってやんの!!
258. キキ ：わたし、もうちょっとこの町(まち)にいるわ。オソノさんのように、わたしのこと気に入ってくれるひとが他(ほか)にもいるかもしれないもの……。

〔翌朝〕

259. キキ ：電話(でんわ)を引くのって、いくらするとおもう？
260. ジジ ：でんわ？
261. キキ ：そっ。お店(みせ)ひらくの。

155

〔仕事場〕

262. キキ　：おはようございます。
263. オソノ：おはよう。よく眠(ねむ)れた?
264. キキ　：ええ。いいにおいね。……。手伝(てつだ)っていい?
265. オソノ：うん。
266. オソノ：宅急便(たっきゅうびん)ねぇ……。
267. キキ　：わたし、空(そら)を飛ぶしか能(のう)がないでしょう。だから、お届(とど)け屋さんはどうかなって……。
268. オソノ：おもしろいよ!空(そら)飛ぶ宅急便(たっきゅうびん)ってわけね。考(かんが)えたねぇ。
269. オソノ：あの部屋使(つか)っていいからね。
270. キキ　：ほんと!?うれしい。
271. キキ　：電話(でんわ)を引こうと思(おも)ってるの。
272. オソノ：お金(かね)がかかるんじゃない?
273. キキ　：少(すこ)しなら持ってきたわ。
274. オソノ：もったいないよ。
275. オソノ：ねっ、この店(みせ)のでんわを使(つか)いなよ。お客(きゃく)がつくまでが大変(たいへん)なんだからさ。
276. オソノ：あたし、こんなお腹(なか)だから、あんたは時々(ときどき)店番(みせばん)やってくれれば、部屋代(へやだい)と電話代(でんわだい)なしってのでどう?
277. オソノ：ついでに朝御飯(あさごはん)もつける!!
278. キキ　：わあーっ、ありがとう。わたしうんと、働(はたら)くね!
279. オソノ：きゃっ!!
280. キキ　：オソノさんって、いいひとね!
281. オソノ：わははは……。

〔キキの部屋〕
282. キキ　　：ジジ、おわったよ。
283. キキ　　：お買物(かいもの)に行こう。
〔店の前〕
284. ジジ　　：飛び出しちゃだめだよ。田舎(いなか)じゃないんだから。
285. キキ　　：わかってるわよ。ついよ、つい。……!
286. 少女達　：ははは。
287. 少女C　：やーねー。
288. 少女A　：バッカみたい。
289. 少女D　：くくく……。
290. 少女C　：でもあいつさ……。
291. キキ　　：もうちょっとすてきな服(ふく)ならよかったのにね……。
〔スーパーの中〕
292. キキ　　：暮らすってもの入りねぇ……。
293. ジジ　　：キキ、みて! みて!
294. ジジ　　：お金(かね)足りる?
295. キキ　　：しばらくは、ホットケーキでがんばるしかないわね。
〔路地〕
296. キキ　　：すてきね……。
297. 少年達　：ははは、ひゃっほー、きゃはは
298. トンボ　：ああ、止めて、止めて。
299. トンボ　：魔女っ子さーん!!
300. キキ　　：……!!
301. トンボ　：今日(きょう)は飛ばないのぉ?
302. キキ　　：……!!
303. トンボ　：な、ほんとに黒(くろ)い服(ふく)着てるだろう。
304. トンボ　：あっ、ねぇ、ちょっと待ってよ、魔女さーん!
305. 少年達　：わっははは、トンボがふられたー!

※『魔女の宅配便』의 악센트는 동경 표준어 악센트에 충실하게 표기했다.

となりのトトロ

田舎の道

(시골길을 이삿짐 차가 달리고 있다)
1. さつき：お父(とう)さん，キャラメル
2. お父さん：おっ，ありがとう，くたびれたかい？
3. さつき：ううん
4. お父さん：もうじきだよ

(자전거를 타고 경찰모 비슷한 것을 쓴 사람이 앞에 보인다)
5. さつき：はっ，めい隠(かく)れて！お巡(まわ)りさんじゃなかった。おーい。
6. さつき&めい：あはは。

(관리인의 집 앞에서 멈춘다. かんた가 집 앞에서 풀을 쟁이고 있다)
7. お父さん：お家(うち)の方(かた)は，どなたかいらっしゃいませんか？
8. お父さん：ああ，どうも。
9. お父さん：日下部(くさかべ)です。引っ越(ひっこし)してきました。よろしくおねがいします。

(かんた는 트럭에서 さつき를 발견하고, 눈이 마주치자 얼른 고개를 돌려버린다)
10. おとこ：御苦労(ごくろう)さまです。
11. お父さん：どうもありがとう。

---

1. 외래어 악센트는 주로 뒤에서 헤아려 3번째 拍에 악센트핵이 있다.
* 例：スカート, ブラウス, ストライキ 등
그러나 キャラメル처럼 오래전부터 일본에 들어와 일상생활에 자주 사용되어 완전히 日本語化된 단어들은 平板型(◎型)으로 되는 경향이 있다.
* 例：ガラス, ボタン, アイロン, アンテナ, ガソリン 등

2. ありがとう의 표준어 악센트(이하 表라고 함)는 ありがとう이다.

5. おまわりさん
   → 表 おまわりさん

10. ごくろう
    ごくろうさま
    ごくろうさまです

11. どうも ありがとう
    → 表 どうも ありがとう

家の前

12. お父さん：さあ，着いたよ。
13. さつき：わあっ。
14. めい：あっ，待って。
15. お父さん：よっ。
16. さつき：めい，橋(はし)があるよ。
17. めい：橋(はし)？
18. さつき：魚(さかな)！ ほらまた光(ひか)った。
19. お父さん：どうだ，気に入ったかい？
20. さつき：お父(とう)さん，すてきね。木のトンネル。
(오솔길을 따라 올라가자 집이 보인다)
21. さつき：わあ，あのうち。
22. めい：わあはは。あは！
23. さつき：早(はや)く。

庭

24. さつき：わあ，ぼろ。
25. めい：ぼろー。
26. さつき：おばけやしきみたい。
27. めい：おばけー？
28. さつき：あはははは，あはは。あっ。えい。はー。うふ，腐(くさ)ってる。
(기둥을 흔들자 집이 흔들리며 부스러기가 마구 쏟아져 내린다)
29. さつき&めい：わはは。(웃는 소리가 계속된

16. はし(橋)が

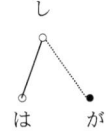

はし(箸)が

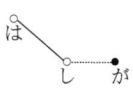

「はしがあるよ」에서 「し」와 「あ」가 똑같은 높이로 발음되는 것이 아니라 「し」는 「あ」보다 좀더 높게 발음된다. 이것은 하나의 「악센트句」 또는 「악센트節」이라고 하는데, 하나의 악센트句안에 악센트 핵이 1개 이상 존재한다.

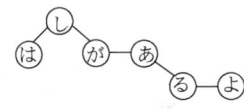

17. 橋(はし)처럼 조사가 오지 않을 경우에는 平板型로 발음하면 된다.

24. 와—, 낡아빠진 집이야.
ぼろ → ぼろ
25. 낡아빠졌어.
26. 도깨비집(요괴집) 같애.
27. 도깨비？

28. 아하하하하,
아하하, 앗
에잇, 하—.
우후 썩어 버렸어.

다)
30. さつき&めい：こわれる。……こわれる。
31. さつき&めい：あはは。アワワワワ。
(아메리칸 인디언 흉내를 낸다)
32. さつき：めい見てごらん。
33. めい：ふーん？
34. さつき：ほら! おおきいね。
(さつき가 가리킨 것은 아주 거대한 나무다)
35. さつき：お父さんすごい木!
36. お父さん：あ，くすの木だよ。
37. さつき：へえ，くすのき。
38. めい：くすの木。

部屋の中

(さつき&めい가 방을 들여다보는데 뭔가가 반짝인다)
39. さつき：あ!
40. お父さん：おっと。
41. さつき：どんぐり。
42. めい：ああ，見せて。
43. さつき：あっ また。
(めい가 신발을 벗으려 애쓸 때 앞에 도토리가 툭 떨어진다)
44. めい：あっ，ぽっ，あっ。あった。ああ。ふー。
45. お父さん：こらこら，雨戸(あまど)が開けられないじゃないか。
46. めい：どんぐり。

30. 부서지겠어(넘어지겠어) ……부서지겠어.

34. 35. おおきい, すごい처럼 일본어의 형용사는 대부분이 뒤에서 2번째 拍에 악센트핵이 있다. 그러나 おいしい, あかるい, おもい 등 平板型 형용사도 있다.

36. くすの木 (녹나무)
→ ⓘ くすの木

40. 아이구머니.

41. 도토리

42. 47. 見せて, 落ちては 종지형이 각각 見せる, 落ちる로 起伏式악센트를 가지고 있으며, 이러한 起伏式악센트는 「～て」형태로 바뀌면 東京악센트 법칙에서 「～て」의 앞의 앞 拍에 악센트핵이 온다. 그래서 見せる→見せて로 落ちる→落ちて로 바뀐다.
단, 2拍語일 경우는 「～て」 바로 앞에 악센트핵이 온다.
* 例：見る→見て

47. さつき：部屋の中(なか)にどんぐりが落ちてるの。
48. めい：上(うえ)から落ちてきたよ。
49. お父さん：ふうん，りすでもいるのかな。
50. さつき&めい：りす!? はは。
51. お父さん：それともどんぐり好きのねずみかな。
52. さつき：えー。
53. めい：めい，りすがいい。
54. 運送屋：これどこへ運(はこ)びます?↗
55. お父さん：ああ，ここへ。今(いま)開けます。さつき，裏(うら)の勝手口(かってぐち)を開けて。
56. さつき：はーい。
57. お父さん：行けばすぐわかるよ。
58. さつき：うん。……ほら，★おいで。
59. さつき&めい：あはは。
60. めい：待って!
61. さつき：ほら早(はや)く。

(さつきが門을 열자, 갑자기 쏴아 하는 소리와 함께 새까만 뭔가가 썰물 빠지듯 순식간에 사라진다. 눈을 끔뻑끔뻑하는 さつき&めい는 와아악 하고 고함쳐 보나 아무 반응이 없다)

62. めい：ああ。
63. さつき：はっ。
64. さつき&めい：わーっ!! (고함친다)
65. さつき：行くよ。
66. めい：うん。

(さつき&めい은 조심조심 들어선다)

48. 위에서 떨어졌어요.
49. 으흠, 다람쥐라도 있는 걸까?
51. 그렇지 않으면 도토리를 좋아하는 쥐일까?
52. 아니?(예?)
53. 메이는 다람쥐가 좋아요.
55. 開けて는 종지형이 開ける로 平板型 악센트를 가지고 있어, 「~て」형태로 바뀌어도 악센트는 平板型 그대로 있다.
54. 55. はこびます, 開けます처럼 「동사의 연용형+ます」형태가 되면 어떠한 동사(平板式동사, 起伏式동사)가 오더라도 악센트는 일정하게 된다. 즉 ○○○ます, ○○ます로 발음된다.
57. 「行けばすぐわかるよ」에서 악센트핵은 「け・す・か」 3개. 이 3개의 핵이 같은 높이로 발음되는 것이 아니라 아래 그림처럼 け)す)か 순으로, 뒤로 갈수록 낮게 발음된다.

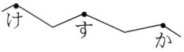

58. ★「おいで」는 오라(来て)는 뜻으로 애들한테 쓰는 말이다.

67. めい：おふろ。
68. さつき：うん。いないね。
69. めい：うん。
(さつき&めいは놀라서 숨을 죽이고 있다)
70. お父さん：そこはお風呂だよ。
71. さつき：お父さんここに何(なに)かいるよ。
72. お父さん：りすかい？
73. さつき：わかんない。ごきぶりでもない、ねずみでもない黒(くろ)いのがいーっぱいいたの。
74. お父さん：んー。うん。んー。うん。
75. さつき：どう。
76. お父さん：こりゃ，★まっくろくろすけだな。
77. さつき：まっくろくろすけ？♪絵本(えほん)に出てた？♪
78. お父さん：そうさ，こんないいお天気(てんき)におばけなんか出るわけないよ。うーん。明(あか)いところから急(きゅう)に暗(くら)いところに入(はい)ると目がくらんでまっくろくろすけが出るのさ。
79. さつき：そっかあ。
80. さつき&めい：まっくろくろすけ出ておいで，出ないと目玉(めだま)をほじくるぞー。
81. お父さん：さあ，仕事(しごと)仕事。二階(にかい)の階段(かいだん)はいったいどこにあるでしょうか。
82. めい：ふうん。
83. さつき：へえっ。

67. ふろが おふろ로 악센트가 바뀌었는데, 이처럼 단어 앞에 접두사 「お」가 붙어 악센트가 변화하는 예가 많이 있다.
* 例: でんわ(電話) → おでんわ
  てがみ(手紙) → おてがみ
  にぎり → おにぎり
  べんとう → おべんとう 등

73. いっぱい ⓐⓓ 가득
  いっぱい(一杯) ⓝ 한잔
  여기서는 「많이 있다」로 해석되기 때문에 부사로 쓰였다.

76. ★まっくろ는 시커멓다, くろすけ는 의인화하여 검은 사람을 나타냄. 즉 여기서는 검댕이를 가리킴.

77. 絵本(えほん) → ❽ えほん

78. 동사(종지형)의 대부분은 平板型 아니면, -2型(뒤에서 2번째 拍에 악센트핵이 있는 型)이나 「はいる(入る)」처럼 頭高型인 동사도 몇 개 있다.
* 例: かえる(帰える)
  かえす(返す)
  とおる(通る)
  とおす(通す)
  まいる(参る)
  もうす(申す)
  위의 例들은, 모두 이중모음 현상으로 인하여 頭高型이 되었다고 본다.

84. お父さん：階段(かいだん)を見つけて二階(にかい)の窓(まど)を開けましょう。
85. さつき：はあーい。
86. めい：あーっ、めいも。
(さつき&めいが 이방에서 저방으로 마구 뛰어 돌아다닌다)
87. さつき：えいっ。
88. めい：えいっ。
89. めい：★お便所(おべんじょ)
90. さつき：あれーっ？あれーっ？
91. めい：あれーっ？
92. さつき：あれーっ？
93. めい：あれーっ？
94. さつき&めい：はははは……。
95. めい：あ、いたい。
96. めい：あれーっ。
97. さつき&めい：はははは。ふふふ……。
98. さつき：ないっ。
99. めい：なあい。
100. さつき：ははは……。えいっ。
101. めい：いたーい。
102. さつき：はははは……。はっ。
(가만히 숨을 죽이고 있다)
(さつきが 뛰어다니다가 계단이 있는 문을 발견한다)
103. さつき：あっ。めい、あったよーっ。まっくろだね。
104. めい：まっくろくろすけ!?
105. さつき：はっ。

84. かいだんを처럼 平板型 명사에 조사가 접속되면 그 전체 악센트도 平板型으로 발음된다. 그러나 73의 예 ごきぶりでも와 ねずみでも에서 처럼 平板型 명사에 조사가 겹치면 첫 번째 조사까지만 높게 발음된다. 즉 첫 번째 조사가 악센트핵이 됨에 유의한다.

89. ★おべんじょ는 옛날에 쓰던 말로 「변소·뒷간」에 해당하는 것이고, 요즘은 화장실의 뜻으로 주로 お手洗(てあらい)」 또는 「トイレ」를 사용한다.

101. 원래는 いたい(아프다)인데 た[t+a]의 [a]부분을 길게 발음하여 아프다는 것을 강조하고 있다.

103. 앗 메이, 여기 있어. 깜깜하네.

104. 검댕이!?

(위에서 뭔가가 또르르 굴러 떨어진다. 움찔해서 쳐다보는 さつき&めい)

106. めい：へえ，あー，どんぐり!?

107. さつき&めい：まっくろくろすけ出ておいでーっ。

108. さつき&めい：はあ。

109. さつき&めい：わあーっ!!

(さつき&めいは 머뭇거리다가 결심한 듯, 계단을 조심조심 오른다. 2층 다락에 빠끔히 고개를 내밀고 와악 고함을 치는 さつき&めい. 그러고는 동태를 살펴본다)

106. 아니, 이거 도토리잖아!?
107. 검댕아 어서 나와라.

109. 와악!!

二階の部屋

110. さつき：まっくろくろすけさんいませんか。はっ。

(さつき는 재빨리 뛰어가서 창문을 열려고 한다. 그 동안 새까만 것들이 쏴아아 구멍 속으로 사라지는 것을 めい가 지켜본다)

111. めい：わああ。えいっ。ううっ。

112. さつき：はあ。

113. お父さん：よいしょ。

114. さつき：お父さーん，やっぱりこのうちなにかいる。

115. お父さん：そりゃあすごいぞ。おばけやしきに住むのが子供(こども)の時(とき)からお父さんの夢(ゆめ)だったんだ。

116. お父さん：あいほっ。

117. さつき：ああっ，大変(たいへん)。

110. いませんか 처럼「동사의 연용형 +ません(か)」이 올 경우 악센트 핵은 항상「せ」에 있다. 다른 예를 들면 (예：行きません, 食べません, 帰(かえ)りません) 등이다.

114. 아빠, 아무래도 이 집에 뭔가 있어요.

115. 그거 굉장하네.
 도깨비집에 사는 게 어릴 적부터 아빠 꿈이었단다.

116. 아이쿠...

117. 아앗. 큰일이네.

(さつきは 뛰어 내려가고 めいは 벽 틈에 미처 못 숨고 깃털처럼 떨어져 내리는 검댕이를 한 마리 잡는다)

118. めい：うわっ。取った!! おねえちゃーん!! うわっ。

一階の廊下

(めいが 검댕이를 한 마리 잡고는 어쩔줄 몰라 이리저리 뛰어다닌다)

119. お父さん：めい!!
120. めい：は…はは…やっ。
121. おばあさん：おほう。
122. さつき：おほ。
123. おばあさん：あっはは…。元気(げんき)だねーえ!
124. お父さん：この家(うち)を管理(かんり)されているとなりの おばあちゃんだよ。応援(おうえん)に来てくださったんだ。
125. さつき：さつきに妹(いもうと)のめいです。こんにちは。
126. おばあさん：はい，こんにちは。賢(かしこ)そうな子だよ。こんなに急(いそ)ぎでなきゃ，家(うち)の手入れもしといたんだけど。
127. お父さん：ははは…。これでじゅうぶんですよ。
128. おばあさん：★今時分(いまじぶん)は田んぼが忙(いそが)しくって。んでもどきどき掃

118. 取ったは 取るの 과거형태인데 동사의 종지형이 起伏式악센트이면 「取った」처럼 과거조동사 「た」의 앞의 앞 拍에 악센트핵이 오게된다. 137의 例 見えたも 종지형이 見えるで 起伏式이므로 「た」의 앞의 앞 拍 즉 「見」에 악센트핵이 온 것이다. 149의 取れたも 取れる의 「た」형태이다.

123. げんきだねー
→ ꜛげんきだねー

124. 이 집을 관리하고 계시는 옆집 할머니시다. 도와주려고 오셨단다.

124. 「この」와 「うちを」를 각각 따로 발음하면 「この」「うちを」로 되지만, 하나의 악센트句로 생각하면 「このうちを」로 발음하는 것이 자연스럽다.

125. 전 사츠키이고, 여동생인 메이입니다. 안녕하세요?

126. しといたんだけどは しておいたんだけどの 뜻으로 「~해 놓았을 텐데」이다.
かしこそうな → ꜛかしこそうな
うちの → ꜛうちの

128. 이맘때쯤이면 논일이 바빠서, 하지만 때때로 청소는 해두었어.
ときどき → ꜛときどき
そうじ → ꜛそうじ

★今時分이란 이맘때쯤이란 뜻이다

除(そうじ)はしといたんだ。

129. さつき：めい！手，まっくろじゃない！どうしたの？

130. めい：まっくろくろすけ，逃げちゃった。

131. さつき：ああっ，めいの足(あし)。

132. めい：はっ。

133. さつき&めい：ああっ。

134. さつき：あたしのもまっくろ。

135. おばあさん：おほほ。いやいやいやいやいや。んー，こりゃ，すすわたりが出たな。

136. さつき：すすわたり？すすわたりって，こんなんでざわざわーって動(うご)くもの？

137. おばあさん：んだ。だれもいねい古(ふる)い家(うち)にわいて，そこらじゅうすすとほこりだらけにしちゃうのよ。ちいちぇえ頃(ころ)にはわしにも見えたが。そうかあ，あんたらにも見えたんけー。

138. お父さん：そりゃ妖怪(ようかい)ですか。

139. おばあさん：ああ，そったらおそろしげなもんじゃねえよ。
にこにこしとれば悪(わる)さはしねえし，えつのまにかいねくなっちまうんだ。今(いま)ごろ 天井裏(てんじょううら)で引っ越しの相談(そうだん)でもぶってんのかな。

140. さつき：★めい、みんな逃げちゃってさ。

141. めい：つまんない。

142. さつき：だって，こーんなの出てきたらどうすんの？

131. あ̄し(足, 脚)が

あ̄し(葦, 갈대)が

135. 표준어 악센트에서 「ん, っ, ー」등 特殊拍에는 악센트 핵을 둘 수 없다. 그러나 「んー」처럼 방언에서는 악센트 핵이 될 수도 있다.

137. だ̄れも → 표 だれも 또는 だれも,
う̄ちに → 표 う̄ちに,
わ̄いて → 표 わ̄いて
ほ̄こりだらけ → 표 ほ̄こりだらけ
わ̄しにも → 표 わ̄しにも
そうかあ → 표 そうかあ
ちいちぇえ는 표준어(이하 표 라고 함)는 ちいさい이다.
いねい → 표 いない
あんたら → 표 あなたたち
見えたんけ → 표 見えたのか

138. 「そりゃ」는 「それは」의 축약형이다.

139. そったら → 표 そんなに
ねえよ → 표 ないよ
にこにこ → 표 にこにこ
しとれば → 표 していれば
えつのまにか → 표 いつのまにか
いねくなっちまうんだ
→ 표 いなくなってしまうのだ
いまごろ → 표 いまごろ

140. ★めい 모두 도망가 버린대
141. つまんない는 つまらない로 시시하다 라는 뜻이다.

143. めい：めい, こわくないもん!!
144. さつき：あら, じゃあ, 夜(よる)になっても, お便所(おべんじょ)一緒(いっしょ)に行ってやんない。
145. おばあさん：へっへへへ。さあさ, 掃除(そうじ)しよう, 川(かわ)で水(みず)を汲んできておくんな。
146. さつき：川(かわ)で?
147. めい：めいも行く。

庭

148. さつき&めい：わははは…。
149. さつき：めいはそこで待ってな。
150. めい：お魚(さかな)取れた?
(뛰어나가는 さつき&めい. 물을 길어 펌프에 붓고 열심히 펌프질한다)
151. さつき：えいっ。えいっ。
152. めい：うわっ。
153. さつき：おばあちゃん, 出たー。
154. おばあさん：よおくこぎな。水(みず)が冷めたくなるまで。
155. さつき：ほあい。
(お父さん과 이삿짐센터 아저씨가 가재도구를 나르고 있다)

145. おくんなは おきなろ 그 뜻은 「～해두어라」이다.
   かわで → 표 かわで
   みずを → 표 みずを

146. かわで
(川, 河, 皮, 革)내, 강, 껍질, 가죽의 뜻을 가진 단어는 전부 똑같은 악센트형(尾高型)으로 발음된다.

150. 물고기 잡혔어?

154. みずが冷たくなるまで
   → 표 みずが冷(つめ)たくなるまで

167

台所の前

(집을 치우는데 かんた가 점심을 갖고 온다)

156. めい：へへっ。
157. さつき：あ，ああ，さっきの。なに？ご よう？ | 157. 아, 조금 전에 만났었지. 무슨 일 이야?
158. かんた：あ，か，かあちゃんが，ばあちゃん に。
159. さつき：なあに？
160. かんた：ん。
161. さつき：え。
162. かんた：んー。
163. さつき：あ，あ，ね，待ってこれなあに？ | 163. 아, 아, 저기 기다려봐, 이거 뭐 니?
164. ばあさん：かんたかー。
165. かんた：やーい，おまえんちおっばけや しきー。 | 165. おまえんち는 おまえのうち (너네 집)이라는 뜻이다. おっばけやしき는 おばけやしき 를 힘주어서 하는 말.
166. おばあさん：かんたあ!!
167. さつき：★んめーっ。

(★메~롱 한다)

168. さつき&めい：ははは，ははは。

おやつ

169. お父さん：はははは，そういうの，お父 さんにも覚(おぼえ)があるなー。
170. さつき：男(おとこ)の子、きらーい。 でもおばあちゃんちのおはぎはとーっても好 き。 | 170. おばあちゃんち도 169의 おま えんち와 마찬가지로 おばあちゃ んのうち라는 뜻이다.
171. お父さん：はははは。

172. おばあさん：たーんと おあがり。

夕方

(저녁이 되어 트럭을 보내고 이어 おばあさん을 전송한다)

173. さつき：ごくろうさま。
174. お父さん：どうもありがとうございました。
175. さつき&めい：さよならー。

夜

(밤 바람이 거세게 불어온다. さつき는 장작을 가져다가 떨어뜨리고 잽싸게 욕조 안으로 뛰어든다)

176. さつき：うわっ!!

お風呂

177. めい：お父さんおうちぼろだからつぶれちゃうよ。
178. お父さん：はははは…。
引っ越したばかりでつぶれるのは困(こま)るな。

(바람에 집이 덜컹거린다. 움찔하는 さつき&めい)

179. めい：あっ。

(바케츠가 날아가고 창문이 덜컹덜컹거리며 집이 날려갈듯 바람이 세차게 불고 이상한 울음소리까지 들린다)

172. た(ー)んと おあがりは たくさん 食べな(많이 먹어라)의 뜻이다.
たーんと → 🔁 たーんと
おあがり → 🔁 おあがり

173. 남의 수고를 위로하는 말로「수고하셨습니다」,「고생 많았습니다」로 해석하면 된다. 또 같은 뜻으로「おつかれさま」,「おつかれさまでした」가 있다.

177. 아빠, 우리 집 너무 낡아서 무너져 버릴 것 같아.

178. 困(こま)るな에서「な」는 終助詞로서 동사의 終止形+な는 보통 금지의 의미를 나타내는데(예：行くな, 食べるな), こまるな에서「な」는 영탄을 나타내어「곤란하지, 곤란한데」로 해석해야 된다.

178. つぶれるのは
→ 🔁 つぶれるのは

180. さつき：ほっ。
181. お父さん：わはは……。みんな笑(わら)ってみな。おっかないのは逃げちゃうから。ははは……。
182. めい：めいこわくないもん!!
183. さつき：ははは……。
184. めい：こわくないもん!!
185. さつき：えへへへっ。
186. めい：きゃあ。
187. さつき&めい：あはは……。
188. さんにん：あはは……。

(그 때 さつき가 めい에게 물을 덮어씌운다. お父さん도 가세하여 가족들은 마구 물장구를 치며 논다. すすわたり가 장목나무로 옮겨간다)

(お父さん, めい, さつき가 같은 방에서 각각 다른 이불에서 나란히 자고 있다)

朝

(さつき&めい가 빨래를 밟고 있다)

189. さつき&めい：いっちに, いっちに, いっちに…。
190. お父さん：それ, がんばれ, がんばれ, がんばれ。さー, よーし。洗濯(せんたく)おわりっ。
191. さつき&めい：わー, はは。
192. お父さん：よっ。
193. さつき：出発(しゅっーぱつ)。えいっ。
194. お父さん：おっ。

---

181. わらってみな의「みな」는 みる의 連用形 + な로 이때의「な」는 부드러운 명령을 나타내어, ～해보아라 라는 뜻이 된다.

182. 184. こわくは 起伏式 형용사 こわい의 く 형태이다. 이처럼 起伏式 형용사(주로 －2型)가 ～く 형태로 되면「く」의 앞의 앞 拍에 악센트 핵이 오게된다.
다른 예를 들어보면
あおい → あおく
さむい → さむく
はやい → はやく
うれしい → うれしく
あたらしい → あたらしく 등과 같이 아주 규칙적으로 발음된다.
단, 起伏式 2拍語는 제일 앞에 악센트핵이 오고(よい → よく) 다음과 같은 형용사는
おおきい → おおきく
ちいさい → ちいさく
すっぱい → すっぱく 로 발음됨에 주의한다.

190. 그래, 잘한다,
잘해, 잘해.
자아, 좋아.
빨래 끝.

195. めい：うわー。
196. さつき&めい：あはは……。
197. お父さん：おっ，おうおうお。
198. さんにん：わー。あーあ……。

外出

(자전거를 타고 미끄러져 내려가는 가족들. 논에서 おばあさん과 인사를 나눈다)
199. さつき：おばあちゃーん，こんにちは。
200. お父さん：ごせいが出ますね。
201. おばあさん：おそろいでお出かけかい?
202. さつき：おかあさんのお見舞いに行くのー。
203. おばあさん：そらえらいよなー。よろしくいっとくれー。
204. さつき：はーい。
205. かんた：べーっ。
206. さつき：べーっ。
(かんた를 지나친다. かんた와 さつき는 서로 혀를 내민다)
207. さつき：あー，こっちこっち。
208. さつき&めい：あー，ははは。
(병원에 가는 도중 잠시 나무 그늘에서 쉬고 있다)

病院

(병실에서 お母さん이 앉아서 뭔가를 쓰고 있다)
209. さつき：こんにちは。

200. ごせい(精)が出ますね를 의역하면 「수고가 많으시군요」가 된다.

202. お見舞いに行く는 「병문안 가다」의 뜻이다.

203. そらえらいよなー。를 의역하면 「아! 정말 착하구나」가 된다.
そら → それ(は)가 생략된 말.

203. よろしく → 🈯 よろしく
「よろしくいっとくれー」는 「안부 전해줘」라는 뜻이다.

209. 「こんにちは」는 낮에 사람을 만나거나, 어떤 곳을 방문했을 때 쓰는 인사말(여기서는 병실을 방문)로 「안녕하세요?」에 해당하는 말이나, 아침과 저녁에는 「おはようございます」와 「こんばんは」를 각각 사용한다.

210. 患者：いらっしゃい。
211. めい：わあ。おかあさーん。
(おかあさん 品に 뛰어드는 めい)
212. お母さん：めい，よく来てくれたわね。
213. めい：お父さん，道(みち)間違(まちが)えちゃったんだよ。
214. お母さん：そーう?いらっしゃい。
215. さつき：今日(きょう)田植休(たうえやす)みなの。
216. お母さん：あ，そうかー。
217. めい：お父さん先生(せんせい)とおはなししてるー。
218. お母さん：みんな来てくれて嬉(うれ)しいわ。新(あたら)しいおうちはどう?もう落ち着いた?
(さつきが お母さん 귀에 대고 속삭인다)
219. お母さん：ん?え? おばけやしき?
220. さつき：うん。
221. めい：お母さんおばけやしき好き?
222. お母さん：もちろん。早(はや)く退院(たいいん)しておばけに会いたいわ。
223. さつき：よかったね，めい。
224. めい：うん。
225. さつき：心配(しんぱい)してたの。お母さんが嫌(きら)いだと困(こま)るなーって。
226. お母さん：さつきとめいは?
227. さつき：好き。
228. お母さん：あは。
229. めい：めい，こわくないよー。

212. 来てくれたわね를 단어별로 따로 발음하면「来て」와「くれたわね」가 된다. くれたわね(くれる)처럼 平板型 동사의 종지형 또는 과거형에 조사가 접속하면 조사 바로 앞 拍에 악센트핵이 온다. 다른 예를 들면 (例：いたが、行くの 聞いたわ) 등과 같다.
그러나 조사의 종류에 따라 전체가 平板型이 될 경우도 있다.
(例：いるね、いるよ いるな)

215. 田植(たうえ)는「모내기」라는 뜻이고 休み는 휴일, 휴가, 방학 등의 뜻이다.

218. 来てくれては 212의 来てくれた와 마찬가지로 하나의 악센트구로서「く」와「れ」부분이 똑같은 높이로 발음됨에 주의한다.
따로 발음하면「来て」와「くれて」로「く」가「れ」보다 낮게 발음된다.

218. 落ち着くが た형태인 おちついた로 바뀐 것이다.

221. お母さん → おかあさん

222. 会う + 희망을 나타내는 조동사 たい가 접속되어 会いたい가 된다. 이처럼 起伏式 동사연용형 + たい는「た」에 악센트핵이 오고 平板型 동사의 연용형에 たい가 접속되면, 전체 악센트도 平板型로 된다. 예를 들면 다음과 같다.
例：行く + たい → 行きたい
する + たい → したい
読む + たい → よみたい
食べる + たい → 食べたい)

230. お母さん：うふふふ。めいの髪(かみ)の毛，さつきが結ってあげてるの?

231. さつき：うん。

232. お母さん：上手(じょうず)よー。いいねー，めい。

233. めい：うぅん。でもおねえちゃん，すぐ怒(おこ)るよ。

234. さつき：めいがおとなしくしないからよ。

235. お母さん：さつき，おいで。ちょっと短(みじか)すぎない?

236. さつき：あたしこの方(ほう)が好き。
(お母さんが さつきの 머리를 매만져 준다)

237. めい：あっ，めいも，めいもー。

238. さつき：順番(じゅんばん)!

239. お母さん：相変(あいか)わらずの★くせっ毛ね。わたしの子供(こども)の頃(ころ)とそっくり。

240. さつき：大(おお)きくなったら，わたしの髪(かみ)もお母さんのようになる?

241. お母さん：あはは，たぶんね。あなたはお母さん似だから。

242. さつき：はあ。
(오랜만에 온 가족이 모여 기뻐하고 있다)

帰り道

243. さつき：お母さん元気(げんき)そうだったね。

244. お父さん：ああ，そうだね。先生(せんせ

230. かみ로 발음하면「上, 神」의 뜻이 되고 かみ로 발음하면「紙, 髪」의 뜻이 되나, 髪에「の毛」가 접속되면 かみの毛로 발음됨에 유의한다.

234. おとなしいが おとなしくろ 즉 起伏式 형용사의 く형태이므로「く」의 앞의 앞 拍인「な」에 악센트核이 왔다.

235. みじかすぎる + ない가 みじかすぎないろ 된 예이다.
이처럼 起伏式 동사에 부정형「ない」가 접속되면「ない」의 바로 앞 拍이 악센트核이 된다. 다른 예를 들면 다음과 같다.(예 : 食べる → 食べない, あるく → あるかない, 来る → 来ない)

239. 변함없이(여전히) 머리가 치켜드는구나. 내 어릴 때와 똑같군.
★くせっ毛는 くせげ(癖毛)를 힘준 말이다.

240. 어른이 되면, 제 머리도 엄마처럼 될까요?

241. 하하하, 아마 그럴꺼야. 너는 엄마를 꼭 닮았으니까.

243. 엄마가 많이 건강해진 것 같았어요.

244. 先生(せんせい)는 [seːseː]로「い」는 발음되지 않고「せ」에 있는「e」가 장모음으로 발음됨에 주의한다. 이와 같이「e + i」가 포함된 말은 장모음 [eː]로 발음되고, 또「o+u」가 포함된 말도 장모음 [oː]로 발음되는 경향이 있다.

* 예 : (衛生) えいせい [eːseː]
(生活) せいかつ [seːkatsɯ]
(応答) おうとう [oːtoː]
(成功) せいこう [seːkoː]

단 和語, 外来語계통의「e + i」는 자연스러운 발음에서도 가능한 한 장모음으로 발음하지 않는다.

い)ももうすこしで退院(たいいん)できるだろうって言ってたよ。

245. めい：もう少しって，あしたー？

246. さつき：また，めいの「あしたー」が始(はじ)まった。

247. お父さん：あしたはちょっと無理だなあ。

248. めい：お母さん，めいのふとんで一緒(いっしょ)に寝たいって。

249. さつき：あれ，めいは大(おお)きくなったから，ひとりで寝るんじゃなかったの?

250. めい：お母さんはいいの。

251. 父&さつき：ははは……。

245. あした ⓐⓓ
246. あした ⓝ
平板型 동사 はじまる는 た형태가 되어도 はじまった처럼 平板型으로 발음된다.

次の朝

252. さつき：お父さーん! 朝(あさ)ですよー!!

253. お父さん：ううん。

254. めい：えーいっ。

255. お父さん：うー。

256. めい：起きろーっ。うふふ，うふふふ。

257. お父さん：うー，うう。

(お父さん 위로 뛰어내리는 めい. お父さん가 부시시 깨어난다)

(さつき가 부엌에서 국을 끓이기 위해 야채를 자르고 있다)

258. お父さん：すまん，また寝過(ねすご)した。

259. さつき：今日(きょう)から，わたし，お弁当(おべんとう)よ。

252. あさ(朝)が

あさ(麻)が

258. 미안, 또 늦잠을 자버렸네.
「すまん」은 「すまない：미안하다」같은 것으로 사죄・사례의뢰 등의 경우에 쓰인다.

259. べんとう(弁当) → おべんとう

260. お父さん：しまった。すっかり忘(わす)れていた。
261. さつき：大丈夫(だいじょうぶ)。みんなのも作(つく)るね。
262. めい：こげてるー。
263. さつき：待ってー。

朝ごはん

(さつきが우메보시를 넣은 도시락을 싸고 있다)
264. さつき：これ，めいのね。
265. めい：めいのー？うふふ……。
266. お父さん：めい，座(すわ)って食べなさい。
267. さつき：★はい。 自分(じぶん)で包(つつ)んで。
269. めい：はー。うん。
270. みっちゃん：さーつきちゃん。
271. さつき：あっ，大変(たいへん)!! はーあ~いー。
272. お父さん：もう友達(ともだち)ができたのかい?
273. めい：さーつきちゃーんだって。
274. さつき：うん。みっちゃんっていうの。
★ごちそうさま。いってきまーす。
275. 父&めい：いってらっしゃーい。
276. さつき：えへへ。

262. 263. 起伏式 동사가 「〜て」형태로 되면, 악센트핵은 118의 「〜た」형태와 마찬가지로 「て」의 앞의 앞 拍에 오는 것이 규칙으로 되어 있다. 즉 「○○た」「○○て」로 되고, 단 2拍語인 경우는 「○て」처럼 「て」바로 앞拍에 악센트핵이 온다. 여기서는 こげる → こげて(こげた) 待つ → 待って(待った)로 되어 있다.

266. 食べなさい처럼 동사의 연용형에 「なさい」가 접속되면 악센트핵은 항상 「さ」에 온다.
行く → 行きなさい
読む → 読みなさい

267. ★「はい」는 단순한 応答의 yes에 해당하는 「はい」가 아니라 さつき가 めい에게 도시락을 건네 주면서 하는 소리로 「どうぞ(자)」의 뜻이다. 이런 경우는 하이로 발음하기도 한다.

274. ★「잘 먹었습니다」는 「ごちそうさま」또는 「ごちそうさまでした」로 표현 해야지 「よく いただきました」처럼 한국식 일본어 표현을 사용해서는 안된다.

家の前

277. さつき : ★おはよう。
278. ともだち : おはよう，はやく行こう。
279. さつき : うん。

書斎

(お父さん은 서재에서 연구하시다가 피곤하여 잠시 기지개를 펴고 있다. 거기에 모자를 쓰고 가방을 둘러 멘 めい가 다가온다)

280. お父さん : うおーっ，うっ。
281. めい : お父さん!! めい，おねえさんみたい?↗
282. お父さん : うん。お弁当(おべんとう)下げてどちらへ?
283. めい : ちょっとそこまで。お父さん，お弁当まだ?
284. お父さん : えっ，もう?

(めいは 꽃을 따서 お父さん의 책상 위에 놓는다)

285. めい : お父さんお花屋(はなや)さんね。

庭

(풀밭에서 뛰어 노는 めい. 웅덩이를 들여다보기도 한다)

286. めい : (녹슨 양동이를 발견한다)おじゃまたくし!!(おたまじゃくし)ううーん。あっ，あれっ，(녹슨 양동이를 발견한다)★底抜(そこぬ

277. ★「おはよう : 안녕」는 아침에 동년배 이하의 사람을 만났을 때 쓰는 인사말이고, 윗사람한테는 「おはようございます : 안녕하세요」를 쓰는 것이 좋다.
「おはよう」와 「おはようございます」는 자기 가족한테도 사용할 수 있으나 「こんにちは」와 「こんばんは」는 가족에게는 보통 사용하지 않는다.

278. 平板式 동사나 起伏式 동사를 의지형으로 만들면 「行く→行こう, する→しよう, 飲む →のもう, 食べる→ 食べよう」처럼 「う」 앞의 拍에 악센트핵이 온다.

282. 「お弁当下げてどちらへ?」에 대한 물음에 「ちょっとそこまで」로 대답하고 있는데, 「こんにちは」의 뜻으로 「どちらへ?」 또는 「どこへ行くの?」의 인사에 대한 대답은 보통 「はい」로 가볍게 말하든가, 아무말도 하지 않아도 된다.

283. まだ ( ) 아직
また ( ) 또
――――――――
악센트 주의

285. (花) はなが

(鼻) はなが

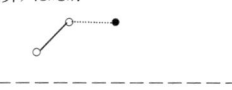

――――――――
악센트 주의

けだ。んっ。
(양동이로 내다보다가 풀 속에 열매가 떨어져 있는 것을 발견한다)
287. めい : みーっけっ。ああーっ。 (웃음소리가 계속된다) うひひひ。ああ。ん?
(めいは 점점이 떨어져 있는 열매를 추적하다가 풀숲 사이를 돌아다니는 도깨비를 발견한다. 추적전 개시! 현관 밑까지 쫓아갔다가 그 도깨비와 함께 나타난 더 큰 놈까지 발견, 나무 터널을 뚫고 추적을 계속한다)
(めいは 나무뿌리의 갈라진 틈으로 사라지는 도깨비들을 쫓다가 자기도 구멍 속으로 떨어져 버린다)

おばけの洞穴

(나비가 날아다니고 커다란 도깨비가 누워 자고 있다. めいは 그 뭉실뭉실한 배위로 올라가서 도깨비의 코를 만지작거린다. 간지러움을 느낀 도깨비가 거대한 입을 쩍 벌리며 재채기를 한다. 잠에서 깨어 눈을 꿈뻑꿈뻑하는 도깨비)
288. めい : うわあ。うわあー。うひひ。ひゃっ。んーふふ。
289. めい : あなたはだあれ? まっくろくろすけ?♪
290. トトロ : トオオ, トオオ, ブオオオオ……。
(입을 쩍 벌리고 고함을 치는 도깨비. 엄청난 바람이 めい를 덮친다. めい도 재미있어하며 같이 고

288. 우와아 우와아 - 우히히 웅- 후후

289. 넌 누구야?
맛쿠로쿠로스케니?
(검댕이)

290. 도오오, 도오오 부오오오오…….

177

함을 친다)
291. めい：うははは。ぐわーあ。
292. めい：トトロあなたトトロっていうのね。
293. トトロ：(하품을 한다) ブオオーオ。
294. めい：やっぱりトトロね。トットロッ。
(めいはととろの배 위에서 잠이 들어버린다)

家

(さつき가 학교에서 돌아온다)
295. みっちゃん：じゃあね。
296. さつき：あとでね。ただいま。
297. お父さん：おかえり。あっ、もうこんな時間(じかん)か。
298. さつき：めいは？みっちゃんちに行くの。
299. お父さん：お弁当、まだなんだ。めい、庭(にわ)で遊(あそ)んでないかい？
300. さつき：めーい！めーい！めーい！めーい！
(めいを 찾는 さつき와 お父さん)
301. お父さん：めい！
302. さつき：めい！(덤불 근처에서 めい의 모자를 발견한다) めい！★お父さん、めいの帽子(ぼうし)があった。
あっ。めいっ、めいっ。はあ…。

木のトンネル

(さつきは 나무 터널에 들어갔다가 자고 있는 めい를 발견한다)

291. 우하하하.

294. 4拍語 부사 중에서 やっぱり처럼 마지막 拍이「り」로 끝나고, 2번째 拍이 促音「っ」의 경우는 −2型(③型) 즉 끝에서 2번째 拍에 악센트핵이 온다. 다른 예를 들면 다음과 같다.
(例：あっさり、うっかり、うっとり、がっかり、ぎっしり、きっぱり、さっぱり、すっかり、たっぷり 등)

295.「じゃあね：그럼 잘가」와 296.「あとでね：나중에 또 보자」는 서로 헤어질 때 쓰는 인사말이다.

296.「ただいま」는「다녀왔습니다」에 해당하는 인사말이고,「ただいま」는「방금 막」의 뜻을 가지므로 악센트에 유의해야 한다.

297.「ただいま」라는 인사말에 대해 집에 있는 사람은「おかえり：어서 와라」또는「おかえりなさい：어서 오세요(다녀왔어요?)」로 대신한다.

299. にわで 처럼 平板型 명사(にわ)에 조사(で)가 접속되면 그 전체 악센트도 平板型이 된다.

302. ある의 た형태 あったかいた. 이것도「た」의 앞의 앞 拍「あ」에 악센트핵이 왔다.

302. ★「아빠, 메이 모자가 있어요」로 해석해야한다.「あった」가 た형태라고 해서「있었다」로 해석하면 어색하다(発見의 의미).

303. さつき：めいっ。こらっ，起きろっ。こんなとこで寝てちゃだめでしょ。

304. めい：(눈을 비비며 깬다) トトロは？

305. さつき：トトロ？

306. めい：あれ，あれえ。

307. さつき：夢(ゆめ)見てたの？

308. めい：トトロいたんだよ。

309. さつき：トトロって絵本(えほん)に出てた★トロルのこと？

310. めい：うん。トトロって，ちゃんといたもん。
毛が生えて，こーんな口(くち)してて，こんなのと，こんくらいのと，こーんなに大(おお)っきいのが寝てた。

311. さつき：はあ。

312. お父さん：(터널로 들어온다) いたいた。へえ，すごいね。
秘密基地(ひみつきち)みたいだな。

313. さつき：お父さん！めい，ここでトトロに会ったんだって。

314. お父さん：トトロ？

315. めい：うん，こっち。へっ，うふふ。

316 お父さん：おーい，待ってくれ。
(めいは 덤불의 반대쪽으로 튀어나온다)

317. さつき：はあ。ここ？

318. めい：うーうん。さっきは大(おお)きな木のとこに行った。

319. さつき：だけど一本道(いっぽんみち)だったよ。

303. 메이, 아니 이런, 어서 일어나. 이런데(곳)에서 자면 안되지?(어떻게 해?!)

307. 見てたと 見ていた로 회화체에서 주로 「い」가 생략되는 경우이다. 309의 出てた도 같은 예이다.

308. いたんだよ처럼 平板型 동사의 종지형이나 과거형 다음에 「ん」이 접속되면 「ん」바로 앞 拍이 악센트핵이 된다. 다른 예를 들면 다음과 같다. (例：いるんだ, したんだ등)

309. ★トロル(troll)：
[스칸디나비아 전설]
동굴·야산에 사는 거인. 장난꾸러기 난쟁이.

312. 日本語의 복합명사 악센트 규칙은 아주 규칙적이고 간단하게 되어 있다. 예를 들면 다음과 같다.
(1) ひみつ(秘密) + きち → ひみつきち
(2) とうほく + だいがく(大学) → とうほくだいがく
(3) ガス(gas) + レンジ → ガスレンジ
(4) ニュー + スタイル → ニュースタイル
위의 예에서 알 수 있듯이 복합어 악센트는 前部要素와 상관없이 後部要素가 전체 복합어 악센트를 결정짓는다. 즉 後部要素가 平板型일 때는 전체 악센트는 後部要素의 첫째 拍에 악센트핵이 오고 ((2))의 예 이외는 後部要素의 악센트핵이 전체 복합어에서도 악센트핵이 된다. ((1)(3)(4))

179

(めいは 다시 덤불 속으로 뛰어들어간다)
あっ，めいっ，戻(もど)っておいで―。めいったらー。
(めいは 자기가 들어갔던 곳에서 조금 떨어진 곳에서 나온다)

320. さつき：うふっ，あはは…。
321. お父さん：はは，はははは…。
322. めい：本当(ほんとう)だ★もん。本当(ほんとう)にトトロいたんだもん。うそじゃないもん。
323. さつき：うん。
324. お父さん：めい！
325. めい：うそじゃないもん。
326. お父さん：うん，お父さんもさつきも，めいがうそつきだなんて思(おも)ってないよ。めいはきっとこの森(もり)の主(ぬし)に会ったんだ。それはとても運(うん)がいいことなんだよ。でも，いつも会えるとは限(かぎ)らない。さ，まだあいさつに行っていなかったね。
327. めい：あいさつ？
328. お父さん：つかもりへ，しゅっぱーつ。

つかもり

329. さつき：はあ。
330. お父さん：いやあ，めいも重(おも)くなったなあ。
331. さつき：お父さん，あのくすの木。大(お

322. 정말이야(인걸). 진짜 토토로 있었단 말이야. 거짓말 아니야.
★「～もん」은 「～もの」가 転訛된 것이다.

326. 限(かぎ)らない는 起伏式동사 かぎる에 ない가 접속된 경우로, 「ない」 바로 앞의 拍이 악센트핵이 된다.

326. 응, 아빠도 사츠키(언니)도 메이가 거짓말쟁이라고는 생각하지 않아. 메이는 분명히 이 숲 주인을 만났던 거야. 그건 아주 운이 좋은 거란다. 하지만 늘 만날 수 있다고는 할 수 없어. 자, 아직 인사하러 가지 않았지?

331. あの처럼 「こ・そ・あ・ど」체계에서 「こ・そ・あ」系는 전부 平板型로 발음되고 「ど」系만 頭高型으로 발음된다. 예를 들면 다음과 같다.
(예：この その あの どの
これ それ あれ どれ
ここ そこ あそこ どこ
こちら そちら あちら どちら 등)
단, この子, その子, あの子 일 때는 「この, その, あの」가 尾高型으로 됨에 주의한다.

お]きいね。
332. めい : あったあ!!
333. さつき : あの木?
334. めい : う]ん。
335. さつき : お父さん、はやく，はやく。
(나무 뿌리 사이를 살피는 めい. 그러나 구멍은 안 보인다)
336. めい : お], 穴(あな)なくなっちゃった一。
337. さつき : 本当(ほんとう)にここ?
338. めい : う]ん。
339. さつき : 穴(あな)が消えちゃったんだって。
340. お父さん : ね。いつでも会える訳(わけ)じゃないんだよ。
341. さつき : また会える? あたしも会いたいっ。
342. お父さん : そうだな，運(うん)が良ければね。立派(りっぱ)な木だなあ。きっとずうっと，ずうっと昔(むかし)からここに立っていたんだね。むかーし，むかしは木と人(ひと)は仲良(なかよ)しだったんだよ。お父さんは，この木を見て，あのうちがとても気に入ったんだ。お母さんも，きっと好きになると思(おも)ってね。さ，お礼(れい)をいって戻(もど)ろう。お弁当食べなきゃ。
343. さつき : そうだ。みっちゃんちに行く約束(★やくそく)なんだ。

339. あながで「あな」가 尾高型이므로, 뒤에 조사「が」부분을 낮게 발음해야 한다. 그러나 336.과 같이 あな뒤에 조사가 없을 경우에는 平板型과 같이 발음된다.

340. 会える訳じゃない에서 악센트핵이 있는 박「え・わ・な」는 실제로 발음 할 때는 각각 다른 높이로 발음됨에 유의한다. 문에서 主가 되는 부분을 가장 높게 발음하는 경향이 있다. 다음과 같이 발음하는 것이 자연스럽다.

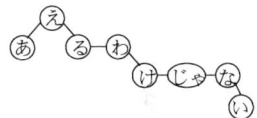

342. よければ처럼 형용사 어간에「ければ」가 접속될 때, 平板型 형용사일 경우에는「ければ」직전박이 악센트핵이 되고, 起伏式에는「ければ」의 앞의 앞 拍에 악센트핵이 오게 된다. 예를 들며 다음과 같다.
(예 : くらい → く]ければ
おいしい → おい]ければ
さむい → さ]むければ
(暑い)あつい → あつ]ければ 등)
(예외) ない → な]ければ
良い → よ]ければ 등이 있는데, 이것은 2박어로서「ければ」앞의 앞 拍이 없기 때문에 起伏式이라도 平板型과 같이 악센트가 변한다.

343. ★や く そく에서 く[ku]의 [u]가 母音의 無声音化현상으로「く」가 앞의「や」의 받침으로 가는 느낌으로 발음하면 된다. 다른 예를 들면 다음과 같다.
(예 : た く さん, おきゃ く さん, お く さま등)

344. めい：めいも行く。

345. お父さん：気をつけっ。めいがお世話になりました。これからもよろしくおねがいいたします。

346. さつき&めい：お願い致します。

347. お父さん：うちまで競走(きょうそう)。

348. さつき：あっ，ずるーい。

349. めい：あーあ。待ってえ。

350. さつき：はやくー。

351. めい：待ってえ。

手紙

352. さつき：今日(きょう)はとてもすごいニュースがあるんです。めいがおばけのトトロに出会いました。わたしは自分(じぶん)も会えたらいいなあと思(おも)っています。
(トトロが 달밤에 오카리나를 불고 있다)

352. 오늘은 아주 굉장한 뉴스가 있어요. 메이가 도깨비인 토토로를 만났었어요. 저도 만날 수 있었으면 좋겠구나하고 생각해요.

かんたの家

(かんたは 닭장에서 달걀을 담아나오다가 さつきが めいを おばあさんに 맡기는 것을 명하니 쳐다본다)

353. かんたの母：かーんた！はやくしないとおくれるよ。

354. かんた：うーん。

353. かーんた → かーんた
おくれるよ → おくれるよ

学校

(さつきを 힐끔힐끔 쳐다보는 かんた, 그 뒤로 せんせい가 다가와 책으로 내리친다)

355. 先生 : これっ!
356. かんた : あっ。いてっ。

(さつき가 교실 창 밖을 문득 쳐다보니 おばあさん이 めい를 데리고 학교정문 앞에 서 있다)

357. さつき : うん。あっ!! めいっ, 先生(せんせい)!!
358. 先生 : はい, さつきさん。
359. さつき : あのー, 妹(いもうと)が……。
360. 生徒達 : へえ~

(さつき는 めい와 おばあさん에게로 뛰어간다)

361. さつき : おばあちゃん! めい!!
362. おばあさん : ごめんなー。おねえちゃんとこ, 行ってきかねーもんだから。
363. さつき : だって, めい, 今日(きょう)はお父さんが大学(だいがく)へ行く日だから, おばあちゃんちでいい子で待ってるって約束(やくそく)したでしょう。あたしはまだ2時間(にじかん)あるし, おばあちゃんだって忙(いそが)しいのに……。
364. おばあさん : ずーっといい子にしてたんだよ。ねーっ。♪

(めい, 울면서 さつき에게 다가가 꽉 껴안는다)

365. さつき : はあー。おばあちゃん, 先生(せんせい)に話(はな)してくる。

356. 「いてっ」는 いたい(아프다)는 뜻으로, 「イテー」라고도 하는데, 이런 표현은 옛날 江戸っ子(에도시대 남자)가 욕설을 할 때 사용한 게 유래가 되고, 현재는 남자 아이들이 많이 쓰고 있으나 그렇게 좋은 표현은 아니다. 다른 예를 들면 다음과 같은 것들이 있다.
ウルサイ(火頁い) → ウルセー
オマエ(お前) → オメー
ヒドイ(酷い) → ヒデー
위의 예와 같이 アイ[ai], アエ[ae], オイ[oi]가 エー[e:]로 발음되는 현상으로「べらんめい口調」라고 한다.

362. きかねーもんだから는 きかないのだから(말을 잘 듣지 않아서) 와 같다.

364. 계속 착한 아이로(착하게) 있었 단다. 그렇지?

365. はなす(話す) → はなして
はなしてくる

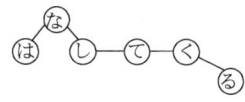

く보다 な를 조금 더 높게 발음하는 것이 좋다.

教室

(めいは さつき와 짝꿍 사이에 끼어 있다)

366. 先生:さつきさんのおうちは，お母さんが入院(にゅういん)されていて大変(たいへん)なんです。みなさん，仲良(なかよ)くできますね。

367. 生徒達:はーい。

(めい, さつき의 책상에서 토토로 그림을 그리고 있다)

368. みっちゃん:なあに? それ。

369. めい:トトロだよ。

370. さつき:しーっ!! おとなしくしてなきゃ駄目でしょう。

371. めい:うん。

372. さつき:はーっ。(한숨을 짓는다)

放課後

373. 生徒達:バイバーイ。めいちゃん, バイバーイ。

374. さつき:★クラブ休(やす)むって言って。

375. 生徒達:うん。先生(せんせい)に言っとく。★まったね。バイバーイ。

376. さつき:ねっ, 急(いそ)いで。雨(あめ), 降るよ。

377. めい:うん。

(가는 도중 빗방울이 떨어지기 시작한다)

---

366. 사츠키 집은, 어머니께서 입원하시게 되어 아주 어려워요. 그러니 여러분 사이좋게 지낼 수 있죠?

370. おとなしい → おとなしく 起伏式 형용사가「く형태」로 활용하면 く의 앞의 앞 拍에 악센트핵이 온다.

374. やすむって에서 〜って는 〜다고 라는 뜻이다.
★クラブ는 방과 후 특별활동. 클럽활동 등을 말함.

375. 言っとく는 言っておく가 축약된 말이다.
★まったね는「またね: 또 만나자」를 힘준말.

376. あめ(雨:비)
あめ(飴:사탕)
いそぐ → いそいで

雨避け

378. さつき：うわっ，降ってきた。
(서두르다가 메이가 넘어진다. 점점 거세어지는 빗발에 사츠키는 길가의 신사에서 비를 피한다)
379. めい：あーっ。
380. さつき：あーっ。ほらっ。
381. めい：めい，泣かないよ。
偉(えら)い？♪
382. さつき：うん。でも，困(こま)ったねー。
お地蔵様(おじぞうさま)ちょっと雨宿(あまやど)りさせてください。
(빗속을 전차가 지나가고 있다)
(칸타가 지나쳐 가다가 도로 돌아온다. 그리고는 쓰고 있던 우산을 내민다)
383. かんた：んっ。
384. さつき：あっ!!
385. かんた：んーっ。(우산을 다시 내민다)
386. さつき：あっ。
387. かんた：んーっ。
388. さつき：でも。あっ。
(우산을 떨어뜨려놓고 뛰어가 버리는 칸타 엉덩이 부분이 색깔이 다른 짧은 바지를 입고 있다)
389. めい：おねえちゃん，よかったね。
390. さつき：うん。
391. めい：傘(かさ)，穴(あな)，あいているね。
392. さつき：うん。
(칸타는 기분이 좋은 듯 방방 뛰며 달려간다)

378. 降る → 降って
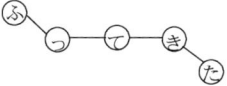
ふってきた

381. 나(메이) 울지 않을 거야, 착하지?

382. こまる → こまった

382. 雨宿(あまやど)り에서「雨」가 あめ로 발음되지 않고 あま로 발음됨에 유의한다.
이외에도 雨가 あま로 발음되는 경우는 다음과 같다.
예：雨傘 → あまがさ
　　雨具 → あまぐ
　　雨合羽 → あまがっぱ
　　雨雲 → あまぐも
　　雨戸 → あまど 등

389. よかった는 342의 よければ와 똑같은 형태로 악센트가 변한다. 예를 들면 다음과 같다.
(예：くらい → くらかった
おいしい → おいしかった
さむい → さむかった
あつい(暑い) → あつかった 등)

家

393. さつき：お父さん, 傘(かさ), 持って行かなかったね。
394. めい：めいも, お迎(むか)え, 行く？

かんたの家

395. かんた：だから, 忘(わす)れたのー。
396. かんたの母：雨(あめ)が降っているときに傘(かさ)を忘(わす)れる馬鹿がどこにいるの？
397. かんた：いてーっ。
398. かんた母：どうせ, 振りまわして, こわしちゃったんだよ。
399. かんた：違(ちが)い。あーっ。
(상을 찡그리던 かんた는 さつき가 오는 것을 보고 방에 숨는다)
400. さつき：★ごめんください。
401. かんたの母：あーら, さつきさん。あっ, めいちゃんも。ばあちゃん！
402. さつき：今日(きょう)は★すみませんでした。
403. かんたの母：こっちこそ, お役(やく)に立てなくってねえ。
404. さつき：あのー, この傘(かさ), かんたさんが貸してくれたんです。
405. かんたの母：へえーっ。あの子があ。やだよっ, こんなボロがさ。
406. さつき：めいもいたから, とても助(たす)

398. 하여간 끝내 막 휘둘러서 부서 버렸겠지.

399. ちがわい는 사투리로 ちがう (틀리다, 아니다)라는 뜻으로 사용되었다.

400. ★「ごめんください：실례합니다」는 남의 집을 방문할 때 쓰는 인사말로 「どなたかいらっしゃいませんか：누구 안계세요？」의 뜻으로 쓰인다.

402. 오늘은 미안했어요(고마웠어요) ★「すみません」은 상대방에게 사과, 감사의 말, 의뢰 등 여러 경우에 쓰는 인사말이다. 그러나 어느 경우도 결국은 「すまない：미안하다라는 뜻을 지니고 있다.

405. 뭐! 그 애가. 아이 창피해, 이런 낡은 우산을
405. あの子が → ㉘ あの子が
起伏式 형용사 어간에 「かった」가 접속되면 「かった」의 앞의 앞 拍에 악센트핵이 오는데 よかった의 경우는 「かった」 앞의 앞 拍이 없기 때문에 「かった」 바로 앞 拍에 악센트핵이 왔다.

406. たすかったたすかる의 동사 어간에 「た」가 접속된 경우로 「た」의 앞의 앞 拍에 악센트핵이 왔다.
406. ありがとうございました
→ ㉘ ありがとうございました

かったの。でも、かんたさんが濡れちゃって。ありがとうございました。
(かんた, 빠꼼히 내다본다)
407. かんたの母：いいのよ。いつだって泥(どろ)だらけなんだから。ちったあきれいになるでしょ。お父ちゃん、お迎(むか)えに行くの?♪
408. さつき：ええ。
409. かんたの母：えらいね。めいちゃん、バイバイ。
410. めい：バイバイ。
411. かんた：ふー。ぶうぅーん。
(방에 들어와서 기분이 좋은 듯 비행기를 붕붕 날리는 かんた)
412. おばあさん：だーれが来たんけえ?
413. かんた：知らねえ。

バスの停留場

414. さつき：あっ、ちょうど★来たよ。
(사람들이 버스에서 내리는 것을 さつき와 めい가 뚫어지게 바라보고 있으나, お父さん은 없었다)
415. 車掌：乗りますか。発車(はっしゃ)オーライ。
416. めい：お父さん、乗ってないねえ。
417. さつき：きっと次(つぎ)のバスなんだよ。めいはおばあちゃんちで待ってる?♪
(めい는 고개를 젓는다)
(めい는 지루해서 근처를 기웃거린다. 그러다가 신

407. ちったあ는 사투리로 ちょっと (조금)이라는 뜻이다.
407. 괜찮아, 늘 흙투성이인걸. 조금 깨끗해졌겠지. 아빠, 마중 나가니?

409. 「えらい」의 본래 뜻은 「훌륭하다, 대단하다」이지만 여기서는 「착하다」로 해석하면 된다.
バイバイ → 標 バイバイ

412. 来たんけえ → 標 来たの

413. 知らねえ는 知らない가 표준어이고, 악센트는 표준어에서는 나타날 수 없는 低低高低로 발음하고 있다.
標 → 知らないだ。

414. 아, 마침 오네
★「来た」가「来る」의 과거형태로 되어 있지만 현재로 해석하는 것이 자연스럽다.

415. オーライ(all right)는 외래어로 뒤에서 3번째 拍에 악센트핵이 와야 되는데, 그 拍이 長音으로 발음되기 때문에 악센트핵은 1拍 당겨져「オ」에 오게 된다.

417. 틀림없이 다음 버스일거야. 메이는 할머니 집에서 기다리고 있을래?

사에 있는 여우상에 겁을 집어먹고 さつき에게 매달린다)

418. さつき: どうしたの?

419. めい: ん。ん…。

(시간이 많이 지나간다. めい가 졸기 시작한다)

420. さつき: めい。眠(ねむ)いのだから, 言ったのに…。
今(いま)から, おばあちゃんち, 行く?

421. めい: ん, うんーっ。

422. さつき: もうすぐだから, がんばりな。はあー。バス遅(おそ)いねえ。
ほらっ。(さつき는 めい를 업는다)

423. めい: うん。

(계속 비가 오는 가운데 털이 북슬북슬하고 뾰족한 발톱을 가진 것이 정류장에 나타난다. 우산 옆으로 흘깃 엿보는 さつき)

424. さつき: はっ!! トトロ?

425. トトロ: ウオーッ!!

426. さつき: あっ, 待ってね。貸してあげる。はやく。めいが落ちちゃう。えっ。こうやって使(つか)うのよ。ふふっ。
(トトロ가 우산 위에 떨어지는 빗방울 소리에 깜짝 놀라 눈을 둥그렇게 하고 있다)

427. トトロ: ウオオ, ウオーっ。ウオッ!!

428. さつき: うわっ。

429. トトロ: ウオーッ。ウオー。ウオーッ!!

(トトロ는 우산을 쓰고 나란히 선다. 빗방울이 우산에 떨어지는 소리가 신기한 모양인지 쿠웅 뛰는 トトロ. 그래서 나무에서 빗방울들이 와수수 쏟

420. ねむい를 단독으로 발음할 경우는 平板型으로 발음되나, 뒤에 의문조사 「の」가 접속되면 起伏式으로 변화됨으로 유의해야 한다.
くらい → くらいの?
あかい → あかいの?
おそい → おそいの?
이외에도 平板型 형용사에 「か, は, 도」등의 조사가 접속되어도 起伏式으로 변화한다.

426. つかう → つかう

426. 落ちちゃう
→ 落ちてしまう가 축약된 말.

426. 앗, 기다려. 빌려줄게. 빨리. 메이가 떨어지겠어. 에? 이렇게 쓰는 거야. 후훗..

188

아진다. 이윽고 멀리서 버스의 헤드라이트가 비쳐 온다)
430. さつき：あっ, バスが来た。んーっ？
431. 猫のバス：にゃーお。
432. さつき：ひえーっ。
433. トトロ：ウオッ。
(나타난 것은 고양이 버스였다. 토토로는 버스에 올라타면서 사츠키에게 작은 꾸러미를 준다. 고양이 버스는 토토로를 태우고 떠난다)
434. さつき：トトロ, お父さんの傘(かさ)持っていっちゃった。
(다시 お父さん이 탄 버스가 온다)
435. お父さん：やあ, すまん, すまん。
436. 車掌：発車(はっしゃ)オーライ。
437. お父さん：電車(でんしゃ)が遅(おく)れてねえ。
バスに間に合わなかったんだ。
心配(しんぱい)したかい？
438. さつき：出たのっ。お父さん。出た, 出た!!
439. めい：猫(ねこ)。猫(ねこ)のバス。
440. お父さん：ん？
441. さつき：すっごく大(おお)きいの。
442. めい：こーんな目してるの。
443. さつき&めい：こわーい。
444. さつき：会っちゃった, トトロに。会っちゃったあ!!
445. めい：わーい!!
446. さつき：素敵(すてき)ー!!

430. 앗, 버스가 온다(오고 있다).
414와 마찬가지로 「来た」가 과거형태로 되어 있지만 앞 뒤 상황으로 보아 현재 진행형으로 해석하는 것이 좋다. 이처럼 현재의 일이라도 기정 사실로 생각하거나 실현이 확정될 것으로 판단될 때는 과거형태의 「～た」가 사용될 수 있다.

434. 持ってっちゃった → 持って行ってしまった(가지고 가 버렸어)를 축약하여 표현한 것이다.

435. すまん은 すまない(미안하다)와 같다.

437. 열차가 늦어져서 버스를 타지 못했단다. 걱정했어?
437. 間に合わなかったんだ → 間に合わなかったんだ

441. すっごく는 すごく(굉장히)를 힘준 말이다.

442. してるの는 平板型동사 て形+(い)る는 전체도 平板型으로 되는데 조사가 접속될 경우는 조사부분이 낮게 발음된다.

444. 会っちゃった는 会ってしまった의 축약된 말로 「드디어 만났어」라고 해석하는 편이 좋다.

447. めい：こわーい!!
448. さつき&めい：あははっ，あははっ。
449. 蛙(かえる)：ぐあははははっ。
450. さつき：ねえ。
451. めい：うあー，あははは。
452. さつき&めい：はははは。
453. めい：はははは。
454. さつき：はははは。

手紙

455. さつき：お母さん。まだ胸(むね)がドキドキしているくらいです。とても★不思議(ふしぎ)で★不気味(ぶきみ)で，楽(たの)しい一日(いちにち)でした。それにトトロのくれたお礼(れい)も★素敵(すてき)だったの。笹(ささ)の葉でくるんで竜(りゅう)のひげで縛(しば)ってある包(つつ)みでした。うちに帰(かえ)ってから開けてみました。そしたら，中(なか)から木の実が……。

456. さつき：あーっ!!
457. めい：あはっ!!
458. お母さん：うふっ。
459. さつき：おうちの庭(にわ)が森(もり)になったら，すてきなので，木の実は庭(にわ)に蒔くことにしました。でも…，なかなか芽が出ません。めいは毎日(まいにち)毎日「まだ出ない」，「まだ出ない」と言います。まるで，★猿蟹合戦(さるがに

---

455. ドキドキ처럼 2박어가 반복된 의성어(첩어)와 의태어는 거의 頭高型으로 발음되고, 다음과 같은 예가 있다.
(例 : きらきら, ころころ, ぐんぐん, ざあざあ, にこにこ, ぱらぱら 등)

455. NHK 사전에는 ぶきみ, ぶきみ, ぶきみ순으로 표기되어 있고, 明解 사전에는 ぶきみ, ぶきみ순으로 平板型는 표기되어 있지 않으나, 여기서는 ぶきみ(平板型)로 발음되었다.

455. ★부분은 모두 形容動詞로 終止形은 다음과 같다.
ふしぎだ(이상하다)
ぶきみだ(섬짓하다)
すてきだ(멋지다)

459. 出ないと 起伏式동사 出る의 未然形「出」에 ない가 접속되면「ない」의 바로 앞의 拍이 악센트핵이 된다. 平板型 동사일 경우는 ない가 접속되어도 전체는 平板型이 된다 예를 들면 다음과 같다.
(例 : 食べる → たべない
読む → よまない
行く → いかない
居る → いない 등)
★さるがにがっせん 일본 5대 동화의 하나. 원숭이와 게의 싸움. 어미게를 죽인 원숭이에게 아기게가 절구, 벌, 밤의 도움을 받아 복수하는 동물 복수담.

がっせん)の蟹(かに)になったみたい。
460. お母さん：まあ。あはは。
461. さつき：もうすぐ夏休(なつやす)みです。はやく元気(げんき)になってください。お母さん様(さま)。さつき。

461. 이제 곧 여름방학이예요.
빨리 건강해지세요.
어머니께. 사츠키 올림.

蚊帳の部屋

462. さつき：あははは，あはははっ。ばははっ。
(모기장을 친 방에 모기들이 전등 주위로 모여들고 있다)
463. めい：ひゃーっ。
464. お父さん：これこれー。よっ。えっ。よおー。おっとー。
465. さつき：あーっ。
466. さつき&めい：あはは。あははは。
467. お父さん：消すよ。
468. さつき：待って。
469. めい：お父さん，あした，芽，出るかなあ？♪
470. お父さん：そうだなあ，トトロなら知っているんだろうけどな。★おやすみ。

467. (불) 끈다.
消すよ는 平板型 동사 終止形「消す」에「よ」가 접속되어 전체악센트도 平板型이 된 예이다.

469. 아빠.
내일 싹이 틀까요?

470. 글쎄다. 토토로라면 알고 있겠지만. 잘 자라.
★「おやすみ : 잘자라」는 밤에 자기 전에 동년배 이하의 사람에게 쓰는 인사말로 윗사람한테는 「おやすみなさい : 안녕히 주무세요」로 쓰는 것이 좋다.

夢の中

(뭔가가 쿵쿵거리는 소리에 사츠키는 잠을 깬다)
471. さつき：めいっ。
472. めい：んーっ。えっ。

(トトロが 새끼 トトロ와 함께 씨를 뿌렸던 곳에서 빙빙 돌면서 위로 높이 뛰고 있다)
473. さつき：木の実を蒔いたとこだよ。
(さつき와 めい가 밖으로 나와 トトロ들과 열심히 팔을 올렸다 내렸다 한다)
474. めい：あーっ!!
475. さつき：あはは。
476. トトロ：ウオーッ。ウアッ。
477. さつき&めい：うあーっ。うあっ。
478. トトロ：ウ，ウ，ウ，ウオーッ。ブアッ。
479. めい：うわあーっ。
480. さつき：んー，……ん，うわあ。
481. めい：うわっ。えいっ。うわーっ。
482. さつき&めい：うわっ。うわーっ。
(トトロ와 さつき&めい가 힘을 모아 손을 치켜 올리자 나무들에 싹이 트고 엄청난 속도로 나무가 커지면서 하늘 높이 치솟는다)
483. さつき&めい：やったー!!
484. めい：はあっ。うわあっ。あはは。
485. さつき：うはあっ。えいっ。
486. トトロ：ウオーッ。
(화단이 하나의 커다란 녹나무로 자란 후, トトロ는 팽이를 꺼내서 돌린다. めい와 두 작은 トトロ들은 큰 トトロ의 가슴에 올라타고 큰 トトロ는 팽이 위에 올라탄다. さつき도 망설이다가 トトロ위에 올라탄다. 팽이가 날아올라 비행하기 시작한다)
487. さつき&めい：うわーっ!!

473. 나무씨를 뿌렸던 곳이야.
蒔いたとこだよ。
「と」보다 「ま」를 약간 더 높게 발음하는 것이 자연스럽다.

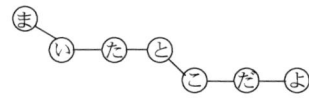

483. やったた는 「했다」라고 해석하기 보다는 「해냈어」 또는 「드디어 해냈다」라고 해석하는 것이 좋다.

488. さつき：めい！わたしたち，風(かぜ)にのってる。
489. めい：うん。
(녹나무 꼭대기에 올라가기도 하며 날아다니는 팽이. トトロ는 바후오ー 하고 고함을 지른다)
(トトロ와 さつき&めい는 녹나무 꼭대기에서 오카리나를 분다)

488. 메이! 우리 바람을 타고 날고 있어.

488. わたし에 「たち」가 접속되면 わたしたち로 발음된다.
のってる → ⓘのってる

朝

(잠을 깬 さつき&めい는 나무가 없어졌음을 깨닫는다)
490. さつき：あっ!!
491. めい：んーっ。木がない。
(실망하는 さつき&めい. 그러다가 뭔가를 발견한 듯 황급히 화단으로 달려간다)
492. さつき：あっ。
493. めい：ふあーっ。
494. さつき：やったあー!!
495. めい：やったあー!!
496. さつき&めい：うははは……。
(さつき&めい는 기뻐서 어쩔 줄을 모른다)
497. さつき：夢(ゆめ)だけど。
498. めい：夢(ゆめ)じゃなかった。
499. さつき：夢(ゆめ)だけどー。
500. めい：夢(ゆめ)じゃなかったー。
501. さつき：万歳(ばんざい)!! やったあー!!
502. めい：やったあー!!
503. さつき&めい：はははは，うはははは，あは

491. 응(어), 나무가 없어.

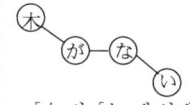

「木」와 「な」에 악센트핵이 각각 있지만 な보다 木쪽을 높게 발음하는 것이 자연스럽다.

498. ゆめじゃなかった

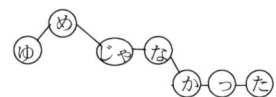

は。あはははは。
(お父さんがその光景を見ながら微笑む)

電報

504. 郵便屋さん：日下部(くさかべ)さーん！電報(でんぽう)でーす。
日下部(くさかべ)さーん！電報(でんぽう)ですよー。留守かなあ。

おばあさんの畑

505. めい：おばあちゃーん。
506. おばあさん：こっつだよー。これなら食べごろだ。
507. めい：ぐひっ。えっ。えっ。はあ。
508. さつき：おばあちゃん！これは？
509. おばあさん：いいよー。
510. さつき：んっ。あっ。んっ。あっ。(옥수수를 힘들게 따낸다) おばあちゃんの畑(はたけ)って，宝(たから)の山(やま)みたいね。
511. おばあさん：あはは。さあー，一休(ひとやすみ)，ひとやすみ。よーく冷えてるよ。
(물 속에 담가뒀던 오이와 토마토를 꺼내어 나무 그늘 밑에서 돗자리를 깔고 먹는다)
512. さつき：★いただきまーす。おいしい！！
513. おばあさん：そうかい？おてんと様，いっぱい浴びてっから，体(からだ)にもいいん

504. 人名이나 地名같은 고유명사 악센트는 2박어를 제외하고는 平板型 아니면 −3型(뒤에서 3번째 拍에 악센트가 있는 型)이다. 예를 들면 다음과 같다.
(예：さつき，かおる，たなか(田中) なかむら(中村)，ひろしま(広島) よしこ，ともこ，たかはし(高橋)，やまがた(山形)，やまがたけん(山形県) 위의 예를 보면，平板型아니면 −3型으로 되어 있는데 ★にっこう(日光)와 ★せんだい(仙台)는 둘다 −4型(頭高型)으로되어 있는데，이것은 뒤에서 3번째 拍이「つ」「ん」등 악센트핵이 될 수 없는 特殊拍(っ, ん, ー등)이므로 악센트핵은 1박자 앞으로 당겨져 −4型(뒤에서 헤아려 4번째 拍에 악센트핵이 있는 型)으로 된 것이다.

504. 「くさかべさーん」처럼 平板型 姓이나 이름 다음에「さん」「さま」「ちゃん」등이 와도 전체는 平板型으로 되고，起伏式일 경우는 다음의 예와 같이 발음한다.
예：なかむら(中村) → なかむらさん
まさお → まさおさま
さつき → さつきちゃん
やました(山下) → やましたさん
かとう(加藤) → かとうさま
はなこ(花子) → はなこちゃん

506. こっつだよ → 国 こっちだよ
これなら → 표 これなら

509. いいよー → 표 いいよー

511. 一休(ひとやすみ) → 표 ひとやすみ

512. 「いただきます」는 식사전의 인사말로「잘 먹겠습니다」에 해당된다. 식사후에는 274와 같이「ごちそうさま：잘 먹었습니다」를 쓰면 된다.

だー。

514. さつき：お母さんの病気(びょうき)にも?

515. おばあさん：もちろんさっ。ばあちゃんの畑(はたけ)のもん食べりゃ，すーぐ元気(げんき)になっちゃうかな。

516. さつき：今度(こんど)の土曜日(どようび)，お母さん，帰(かえ)ってくんの。

517. めい：めいのふとんで一緒(いっしょ)に寝るんだよ。

518. おばあさん：そうかい? いよいよ退院(たいいん)か。

519. さつき：ううん。まだほんとの退院(たいいん)じゃなくって，月曜日(げつようび)には病院(びょういん)に戻(もど)るの。少(すこ)しずつ慣(な)らすんだって。

520. おばあさん：そうかい? そんじゃ，どんどん食べてもらわなくっちゃ。

521. めい：めいがとったとうもろこしお母さんにあげるの。

522. おばあさん：お母さん，きっと喜(よろこ)ぶよ。

523. めい：うん。

(그때 かんた가 뛰어온다)

524. かんた：電報(でんぽう)。留守だからって，預(あず)かった。

525. さつき：あたしんち? おばあちゃん! お父さん，夕方(ゆうがた)まで帰(かえ)らないの。

526. おばあさん：開けてみな。急(いそ)ぎだと

513. そうかい → 標 そうかい
おてんとさま → 標 おてんとさま
いっぱい → 標 いっぱい
からだにも → 標 からだにも
いいんだー → 国 いいんだ

515. もちろん → 標 もちろん
すーぐ → すーぐ

515. 물론이지. 할머니 밭에서 난걸 먹으면, 금세 건강해질 거야.

518. いよいよ(이윽고)
→ 標 いよいよ
たいいんか
→ 標 たいいんか

519. 아니오. 아직 진짜 퇴원이 아니라, 월요일에는 병원에 다시 돌아가요. 조금씩 익숙해지시려나 봐요.

520. どんどん → 標 どんどん

520. 그래? 그러면 많이많이(쑥쑥) 먹어야겠구나.

522. よろこぶ의 표준어 악센트는 よろこぶ이다.
おばあさん의 발음은 방언 악센트가 많은데, 특히 よろこぶ의 발음은 표준어 악센트에서는 나타날 수 없는 악센트型이다. 표준어 악센트 법칙(東京 악센트법칙)으로 첫째 拍과 2번째 拍은 반드시 高低아니면 底高의 관계로 되어있어야만 되는데 よろこぶ는 高高高低로 발음되어 표준어 악센트법칙에서 벗어났다고 할 수 있다.
다음의 526의 「開けて」와 「いそぎだと」도 표준어 악센트법칙에 어긋나는 例이다.

526. 開けて → 標 開けて
いそぎだと → 標 いそぎだと

526. 한번 열어봐. 급한 것이라면 안되니까.

いけねーから。

527. さつき：うん。「レンラクコウシチコクヤマ」。七国山病院(しちこくやまびょういん)。お母さんの病院(びょういん)からだわ。お母さんに何(なに)かあったんだ。おばあちゃん！どうしよう。連絡(れんらく)しろって。

528. おばあさん：落ち着いて，落ち着いて。お父さんの居場所(いばしょ)わかんのか。

529. さつき：研究室(けんきゅうしつ)の番号(ばんごう)は知ってるけど、でも、電話(でんわ)がないもん。

530. おばあさん：かんた！本家(ほんけ)に連れてってあげな。電話(でんわ)、貸してもらい。

531. かんた：うん。

(さつき&かんたが 뛰어간다. めいも 뒤따라간다)

532. おばあさん：めいちゃんは、ここにいな。

533. さつき：めい、おばあちゃんとこにいな。

534. めい：ふっ。

(커다란 옥수수를 들고 있던 めい가 넘어지는 바람에 さつき를 놓치고 다른 길로 들어가 버린다)

本家

535. さつき：もしもし、市外(しがい)、おねがいします。
東京(とうきょう)の31局(さんじゅういちきょく)の1382番(せんさんびゃくはちじゅうにば

---

527. 응(예). "급히 연락주길. 시치코쿠야마" 시치코쿠야마 병원. 엄마가 입원한 병원이다. 엄마한테 무슨 일이 있었던 게 분명해. 할머니 어떻게 해요. 연락하라고 하는데…

528. 落ちついて(침착해라)
→ 🅂 落ちついて

528. いばしょ는 NHK사전에는 平板型이 더 우세한 型으로 기재되어 있다.

528. わかんのか → 🅂 わかんのか

530. 連れてって → 🅂 連れてって
でんわ → 🅂 でんわ
貸して → 🅂 貸して

530. 칸타 본가에 데려가 주거라. 전화 좀 빌려달라고 해라.

532. ここに → 🅂 ここに

535. 여보세요, 시외전화 부탁합니다. 동경 31국에 1382번입니다.

ん)です。はい。

536. 本家のおばあさん：かわいい子じゃねえ。かんた。

(전화가 울린다)

537. さつき：もしもし，はい。もしもし，考古学教室(こうこがくきょうしつ)ですか。父(ちち)を，あの，日下部(くさかべ)をおねがいします。あたし，日下部(くさかべ)さつきです。はい。あっ，お父さん，あたし，さつき。

538. お父さん：やあ，なんだい? うん，うん。病院(びょういん)から? わかった。いま，すぐ，病院(びょういん)に電話(でんわ)してみるよ。

539. さつき：お母さんに何(なに)かあったの? どうしよう，お父さん。

540. お父さん：大丈夫(だいじょうぶ)だよ。病院(びょういん)に確(たし)かめたら，すぐ，そっちへ電話(でんわ)するから。そこで待たせてもらいなさい。

541. さつき：うん。

542. お父さん：じゃ，一旦(いったん)切るからね。

543. さつき：おばあちゃん，ここで待たせてください。お父さんが電話(でんわ)してくるの。

544. 本家のおばあさん：あー，ゆっくりしてきな。

(さつきは お母さん한테 무슨 일이 생겼다고 생

536. かわいい → 🈁 かわいい

537. あたし는 わたし를 좀 더 애교스럽게 쓰는 말로 여자 아이들이 많이 사용한다.

537. くさかべを → 🈁 くさかべを

540. たしかめたら는 たしかめる의 연용형 たしかめ에 「たら」가 접속된 경우인데 이것은 平板型일 경우는 「たら」의 「た」까지 높게 발음되고 起伏式일 때는 「たら」의 앞의 앞 拍이 악센트核이 된다. 例를 들면 다음과 같다.
(例：位く → ないたら
もらう → もらったら
開ける → あけたら
食べる → たべたら
さめる → さめたら
あたためる → あたためたら 등)

540. もらいなさい처럼 동사연용형＋なさい형태로 되면 平板型, 起伏式 상관없이 전체악센트는 〜なさい가 된다.
(例：行く → 行きなさい
わらう → わらいなさい
あるく → あるきなさい
しらべる → しらべなさい 등)

543. 할머니, 여기서 좀 기다리게 해 주세요.(기다리면 안 될까요?) 아버지가 전화를 하신다고 했어요.

544. ゆっくりしてきな에서 「きな」는 「오라」는 뜻이 아니라 「いきな」에서 「い」가 생략되었다고 보면 된다.

197

각하여 주저앉아 버린다)

道端

545. めい: おねえちゃん!! あっ。
(두리번거리는 めい 앞에 염소가 나타난다)
546. やぎ: メエエ, メエエ……。
547. めい: だめだよ!! これお母さんのとうもろこしだよ。
だめだもん!! お母さんにあげるんだもん。
548. やぎ: メエエ……。
(めいは さつき와 かんた가 나오는 것을 보고 쫓아간다)
549. さつき: めい! お母さんの体(からだ)の具合(ぐあい)が悪(わる)いんだって。だから今度(こんど)帰(かえ)ってくるの延ばすって。
550. めい: やだあー!!
551. さつき: しかたないじゃない。無理して病気(びょうき)が重(おも)くなったら困(こま)るでしょ。
552. めい: やだあー!!
553. さつき: はっ。ねえ, ちょっと延ばすだけだから。
554. めい: やだあー!!
555. さつき: じゃあ, お母さんが死んじゃってもいいのね!!
556. めい: やだあー!!
557. さつき: めいの馬鹿!! もう知らない!!

547. 안돼, 이거 우리엄마 옥수수야. 안돼, 엄마한테 줄 거란 말이야.

549. 메이, 엄마 몸이 좋지가 않대. 그래서 이번에 돌아오시는 것, 조금 미루기로(연기하기로) 했대.

550. やだあー는 いやだ(싫어)와 같다.

551. 할 수 없잖아. 무리해서 병이 더 악화되면 곤란하잖아.

553. 허, 응, 잠시 미루었을 뿐이라니까.

555. 그럼, 엄마가 죽어버려도 좋니!!

557. 메이는 바보, 이젠 모르겠어.

558. かんた：行こうよ。
559. めい：うああ，おねえちゃんの馬鹿ー!!うあ，あああ……(우는 소리)。

家

(さつき&めいが 집 안에 누워있다)

560. おばあさん：そろそろ，洗濯物(せんたくもの)しまわねえと。そんなに気を落(おと)さんでえ。ばあちゃんが手伝(てつだ)いに来てやったから，元気(げんき)出しなあ。ねえ，お父さんは病院(びょういん)に寄ると言ってんでしょう。お母さん風邪だって言うんだから，次(つぎ)の土曜(どよう)にゃ，戻(もど)ってくるよう。

561. さつき：この前(まえ)もそうだったの。ほんのちょっと入院(にゅういん)するだけだって。風邪みたいなものだって。お母さん死んじゃったら，どうしよう。

562. おばあさん：さつきちゃん！

563. さつき：もしかしたら，お母さん。あーはー……(우는 소리)。

564. おばあさん：だいじょうぶ，だいじょうぶ。こんなかわいい子たち置いて，どこのだれが死ねるかい。泣けんでね。
はあ。泣けんでね。
とうちゃんが戻(もどる)まで，ばあちゃんがいてやっから。な。えー。

560. そろそろ → 표준 そろそろ
せんたくもの → 표준 せんたくもの
しまわねえと → 국표 しまわないと
気を → 気を
そんなに → 표준 そんなに
おとさんでえ → 표준 おとさんでえ
やったから → 표준 やったから

560. 風邪だって → 표준 かぜだって
もどって → 표준 もどって

560. もどってくるよう

560. 이제 슬슬 빨래 챙겨 넣어야지. 그렇게 낙심하지 말거라. 할머니가 도와주려고 왔으니까, 힘 내거라. 자, 아버지는 병원에 들른다고 하셨지? 엄마는 감기라고 하니까 다음 토요일에는 돌아 오실께야.

561. 전에도 그랬어요. 잠깐만 입원할 것이라고, 감기 같은 것이라고. 엄마 죽으면 어떻게 해요.

563. 만약에, 엄마가
아 - 하…앙.

564. かわいい → 표준 かわいい
置いて → 표준 置いて
どこの → 표준 どこの
死ねるかい → 표준 死ねるかい
泣けんでね → 국표 泣かないでね
もどるまで → 표준 もどるまで

(めいは さつきが 우는 걸 보고 옥수수를 가지고 집을 나선다)

外

565. おばあさん：めーいちゃーん！
566. さつき：めーい！めーい！めい，戻(も)ってきた？
567 おばあさん：バス停にも，いなかったけ？
568. さつき：うん。
569. おばあさん：おかしいな。どこさ行っちゃったもんだか。
570. さつき：さっき，めいとけんかしたの。だって，めいったら。あの子，お母さんの病院(びょういん)に行ったんじゃないかしら。
571 おばあさん：七国山(しちこくやま)の病院(びょういん)か？えーっ，大人(おとな)の足(あし)でも3時間(さんじかん)かかるわ。
572. さつき：見てくる。
573. おばあさん：かんたあー。はやくー，とうちゃん呼んでこいー。めいちゃんがいなくなっちゃったんだあー。

565. めーいちゃーん
→ 표 めーいちゃーん

567. いなかったけ → 표 표 いなかったの

569. どこさ
→ 표 표 どこへ

570. 조금 전에 메이와 싸웠어요. 그런데, 메이 말이에요. 그 애, 엄마 병원에 가진 않았을 런지 모르겠어요.

571. さんじかん → さんじかん

573. はやく → 표 はやく

573. 呼ぶ → よんで
    読む → よんで
_ _ _ _ _ _ _ _ _ _ _ _ _ _
발음에 유의

道

(めいを 찾기 위해 이리저리 열심히 뛴다)
574. さつき：めいの馬鹿!! すぐ迷子(まいご)になるくせに。めーい!!

574. まいごになるくせに
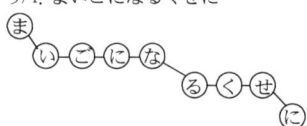

(さつきは 김을 매는 농부를 부른다)

575. さつき：★すみませーん，おじさん，あのー。

576. 農夫：えん?

577. さつき：この道(みち)を小(ちい)さな女(おんな)の子が通(とお)らなかったですか。あたしの妹(いもうと)なの。

578. 農夫：さーてねえ。女の子? 見たら気が付いただろうけどなあ。

579. さつき：こっちじゃないのかしら。

580. 農夫：確(たし)かに，こっちへ来たのかい?♪

581. さつき：わからないの。♩

(더 길을 따라 내려간다)

582. さつき：めーい!!はあはあ……。

(さつきは 다가오는 삼륜차 앞에 뛰어든다)

583. さつき：止まってくださあーい。

(삼륜차에 탄 남자는 기겁을 하며 급정거한다)

584. おとこ：ばかやろうー。あぶねえー。

585. さつき：妹(いもうと)をさがしているんです。女(おんな)の子，見ませんでしたか。♪

(남자는 화를 내다가 심각한 さつき의 표정을 보고 누그러든다)

586. おんな：妹(いもうと)さん?♪

587. さつき：七国山病院(しちこくやまびょういん)へ行ったらしいの。4才(よんさい)の女(おんな)の子です。

588. おとこ：りょうこちゃん，気が付いた?♪

589. おんな：うーうん。わたしたちねえ，しち

---

575. 저기(죄송합니다), 아저씨. 저ㅡ.

576. 응

577. 연체사「ちいさな, おおきな」는 형용사「ちいさい, おおきい」와는 달리 頭高型으로 발음됨에 유의한다.

577. 尾高型명사 악센트 다음에 조사「の」가 오면 전체는 平板型으로 변화하는 경향이 있다.
(例：ゆきが → ゆきの
はな(花)を → はなの
いもうとを → いもうとの
おとうとが → おとうとの
그러나 おんなの子, おとこの子는 예외로 尾高型를 살려 발음한다.

581. わかる → わからない
앞에서도 설명한 바 있지만 起伏式 동사에「ない」가 접속되면「ない」의 바로 앞의 拍이 악센트핵이 된다.

586. 상대방의 여동생이므로「いもうと」에「さん」을 붙인다. 585에 있는「いもうと」는 자기 여동생이므로「さん」을 붙이지 않고 있다.

588. りょうこ는 이름(고유명사)으로 -3型(뒤에서 3번째 拍에 악센트핵이 있는 型)으로 발음된다.

こくやまから来たの。けど, そういう子は見なかったわよ。
590. さつき: そう。ありがとう。
591. おとこ: おまえ, どこから来たの?♪
592. さつき: まつごうです。
593. おとこ: まつごうー!!
594. おんな: あー。なにかの間違(まちが)いじゃない?♪
595. おとこ: じゃあなあ。
(かんたが 자전거를 어설프게 타고 온다)
596. かんた: さつきー!!
597. さつき: ★かんちゃあんー!いた?♪
598. かんた: だめだ。こっちも?
599. さつき: ん。
600. かんた: いま, 父(とう)ちゃんたちがさがしている。おれ, 代わりに七国山(しちこくやま)へ行ってやるから, おまえはいえに戻(もど)れ。
601. さつき: めいは病院(びょういん)へ行こうとして, 途中(とちゅう)で道(みち)を間違(まちが)えたのよ, きっと。
602. かんた: さっき, 新池(しんいけ)でサンダルが見つかったんだ。
(さつきは 그 샌들이 めい것인 줄 알고, 새파랗게 질려 뛰기 시작한다)
603. さつき: はあ。♪
604. かんた: まだ, めいのものって決まってないぞー。
605. さつき: はあはあ……。

592. まつごうは 地名(고유명사)으로 −3型으로 발음된다.

597. ★「かんた」를 「た」부분을 생략하고, 앞쪽만 발음하고 있다. 이와 같이, 日本에서는 우리나라의 경우 (「애자」일 경우 「애」를 생략 하고 뒷자인 「자」만 부를 경우가 있다)와 반대로 가족이나 친한사이일 때는 뒷자를 생략하고 앞자만 이름 부를 경우가 많다.
例) 愛子(あいこ)ちゃん
→ あいちゃん
のぶこちゃん → のぶちゃん
애자야 → 자야
순호야 → 호야

601. まちがえる → まちがえた

602. NHK, 明解 사전 둘다 サンダル, サンダル 순으로 기재되어 있다. 여기서는 平板型으로 발음하고 있다.

603. 응?(뭐라고?) 끝부분의 인토네이션을 올려서 발음하는 것이 좋다.

604. 아직 메이 것이라고 단정할 수 없어.

605. 헉 헉 ….

(さつきは農夫と다시 마주친다)
606. 農夫: 見つかったかい?♪
(さつきは農夫의 물음에 대답 할 겨를도 없이 계속 めい를 찾아 지친 나머지 잠시 멈춰 엎드린다. 발쪽을 보니 상처 투성이었다)

606. 見つかる → 見つかったに「かい」という疑問助詞が接続되어「た」보다「かい」部分이 낮게 발음된다.

村の池

(마을 사람들이 장대를 갖고 연못을 헤집고 있다)
607. おばあさん: (양손을 비비며 めい가 무사하길 기도한다)★なんまいだぶ, なんまいだぶ, なんまいだぶ, なんまいだぶ。

★なんまいだぶ(なむあみだぶつ: 南無阿弥陀仏) → 나무아미타불

608. 村人1: こっちのほうは泥(どろ)が深(ふか)いから, そのさきー。
609. 村人2: おーい。竿(さお)はあまってないかあー?
610. 女の子: ばあちゃん, さつきちゃんが来たー。
611. おばあさん: あ, うーん。
612. さつき: おばあちゃーん!!
613. おばあさん: (さつきに 샌달을 내민다) これ, これじゃよう。

613. これ → これ
これじゃよう → これだよ

614. さつき: はあはあ……(한숨을 돌리는 소리), めいんじゃない!!
615. おばあさん: よーかったよう。★わたしゃ, てっきり, めいちゃんのかと思(おも)って。

615. よーかったよう
→ よーかったよう
★わたしゃ, てっきり:나는 틀림없이(완전히)

616. 村人1: なんだあー。ばあちゃんの早(はや)とちりかようー。

616. 早(はや)とちり:지레짐작

617. 村人2：おうーい，間違(まちが)いだとよー。

618. 村人3：やあー，どこ行ったんだろう。

619. 村人4：もういっぺん，さがしなおしだなあー。

620. おばさん：はやくしないと，暗(くら)くなるよー。

621. 村人5：すまねえなあ，みんな。ごくろうでも，手分けして頼(たの)むよ。
(さつき, 문득 녹나무 쪽을 바라본다. 그리고 그 쪽으로 뛰어간다)

617. 어이, 틀린다군.

619. 다시 한번 찾아보자고.

620. 빨리 하지 않으면 어두워져요.

621. 미안하구먼, 여러분, 수고스럽지만 각자분담해서 도와주도록 해요.

木のトンネルの前

622. さつき：おねがい!! トトロのところへ通(とお)して。
めいが迷子(まいご)になっちゃったのー。
もうじき暗(くら)くなるのに，あの子，どこかで道(みち)に迷(まよ)ってるの。
はあ，はあ……。
(말을 마친 さつき는 나무터널을 달린다. 어두운 터널을 필사적으로 더듬어 달려가는 さつき. 그러다가 터널 끝에서 떨어진 さつき는 トトロ의 배 위로 폭신하게 엎어진다)

622. ねがい → おねがい
(おが 붙어서 악센트가 바뀌는 경우이다)
622. とおす → とおしてㅊ럼 頭高型 동사는 「～て」형태가 되어도 頭高型으로 발음된다.
(例：かえる(帰る) → かえって
はいる(入る) → はいって
とおる(通る) → とおって 등)
622. 부탁이야, 토토로가 있는 곳으로 가도록 해 줘. 메이가 길을 잃어버렸어. 곧 어두워질 텐데, 그 애 어디선가 헤매고 있을 거야.

トトロの所

623. さつき：あっ，あ。トトロー!!
トトロ!! めいが迷子(まいご)になっちゃった

623. 앗, 아. 토토로, 토토로.
메이가 길을 잃어버렸어.
찾아봤지만, 찾을 수가 없어.
부탁이니, 메이를 찾아줘.
지금쯤, 분명히 어디선가 울고 있을 거야.
어떻게 하면 좋을지 모르겠어.
엑, 엑…….

のー。
捜(さが)したけど見つからないの。
おねがい，めいをさがして。
いまごろ，きっとどこかで泣いてるわー。
どうしたらいいか，わからないのー。
えっ，えっ……(우는 소리)。
(훌쩍이는 さつき를 ととろ가 안더니 씨익 웃는다)
624. トトロ：ぶああ……ん。ぶああ……ん。
625. さつき：はあ!!
(ととろ는 さつき와 함께 녹나무 꼭대기로 올라가서 부아아～ 소리를 지른다. 잠시 후, 고양이 버스가 달려온다)

ねこのバス

626. 猫のバス：うわあああ……ん。
627. さつき：みんなには見えないんだわ。
はあー。はーあ。
628. 猫のバス：はあーん。
(고양이 버스가 나무 위에 도착, さつき를 태운다. 목적지 안내판이 'めい'로 바뀌더니 출발한다)
629. さつき：うわあーあ。はあー。
630. おばあさん：めーいちゃーん!
(달려가는 고양이 버스. 나무들이 비켜선다)
631. さつき：はあー。
木がよけてるー。
(전선 위에서 めい를 찾아 열심히 달리는 고양이

627 みんなには，みなさん처럼 명사로 쓰일때는 尾高型로 발음되고 みんな와 みな 같이 부사로 사용될 때는 平板型로 발음된다.
627. 見えない → ⓑ 見えない

629. 우와ー, 하아ー.

631. よけてる는 よけている가 회화체에서 「い」가 생략된 경우이다. 622의 「迷(まよ)ってる」도 같은 경우이다.

631. 하아ー. 나무가 비켜서고 있네.

버스)

石像の前

(めいが 석상앞에 걸터앉아 있다. 그 때 멀리서 さつき의 목소리가 들린다)
632. つき : めーい!!
633. めい : (고개를 번쩍 든다) はっ。おねえちゃーん!!! おねえちゃーん!!! あーーん。
634. さつき : めーい!!!
(고양이 버스가 전선을 타고 달려온다. さつき, 버스에서 내린다)
635. さつき : めい!!!
636. めい : おねえーちゃーん!!!
(めい를 꼬옥 껴안는 さつき)

637. さつき : 馬鹿(ばか)! めい!
638. めい : ごめんなしゃーい。
639. さつき : とうもろこしをお母さんに届(とど)ける気だったの?
640. 猫のバス : がうがう。
641. さつき : はあ。
(고양이 버스가 야옹〜하고 울더니 안내판이 '七国山病院'으로 바뀐다)
642. さつき : はあー。病院(びょういん)へ行ってくれるのー。ありがとうー。
(고양이 버스는 병원으로 달린다)

638. ごめんなさい에서 「さ」를 「しゃ」로 발음하고 있다.

639. 옥수수를 엄마한테 가져다 줄 생각이었니?

642. ありがとうー
→ 🔲 ありがとうー
642. 아니!? 병원에 데려다 줄거니? 고마워.

病院

643. お母さん：ごめんなさーい。
ただの風邪なのに病院(びょういん)が電報(でんぽう)を打ったりしたから。
子供達(こどもたち)きっと心配(しんぱい)してるわね。
かわいそうなことしちゃった。

644. お父さん：いや, わかれば安心(あんしん)するさ。
君(きみ)もみんなも, これまでよくがんばってきたんだもの。
楽(たの)しみがちょっと延びるだけだよ。

645. お母さん：あの子たち, みかけよりずっと無理してきたと思(おも)うの。
さつきなんか, 聞き分けがいいから, なおのことかわいそう。

646. お父さん：そうだね。

647. お母さん：退院(たいいん)したら, 今度(こんど)はあの子たちうんとわがままをさせてあげるつもりよ。

648. お父さん：おい, おい。

649. めい：お母さん, 笑(わら)ってるよ。
(お父さんと お母さんが 이야기하시는 것을 さつき&めい가 고양이 버스 앞에 앉아 지켜보고 있다)

650. さつき：だいじょうぶみたいだね。

651. めい：うん。

652. お母さん：さあー, はやく元気(げんき)に

---

643. 打ったりの 終止形 打つ가 起伏式이므로「たり」의 앞의 앞 拍에 악센트가 온다. 平板式의 경우에는 例를 들면 わらうは わらったり처럼「た」까지 높게 발음되고「り」는 낮게 발음된다.
다른 例를 들면 다음과 같다.
(例 : 聞く → 聞いたり
もらう → もらったり
食べる → 食べたり
飲む → 飲んだり
あるく → あるいたり 등)

644. わかる → わかれば
行く → 行けば

644. 아니야, 알게 되면 안심할거야. 너(당신)도, 모두 다, 지금까지 잘 견디어 왔는걸. 즐거움(낙)이 조금 지연되었을 뿐이야.

645. 그 애들 보기보다 훨씬 무리했을 (힘들었을)거라고 생각해요. 사츠키는 철이 든 애니까, 더욱더 가엾어요.

647. NHK, 明解에는 うんと, うんとの 순으로 기재되어 있음.

647. 퇴원하면, 이제부터 그 애들 어리광을 실컷 부리게끔(받아줄)할 생각이에요.

650. 괜찮으신 모양이네.

652.「げんき」처럼 頭高型 악센트를 가진 단어들을 외워두면 편리하다. 例를 들면 다음과 같은 것이 있다.
例 : あいさつ(挨拶), いのち(命), かぞく(家族), きょうだい(兄弟), くうき(空気), すがた(姿), せいと(生徒), どちら, どなた, てんき(天気), でんき(電気), べんり(便利), みどり(緑), めいわく(迷惑)

ならなくっちゃねえ。
653. お父さん：ああ。
654. お母さん：うふ。
655. お父さん：あれえ？ だれだろう。
656. お母さん：はっ。
657. お父さん：どうしたの？
658. お母さん：いま，そこの松(まつ)の木で，さつきとめいが笑(わら)ったように見えたの。
659. お父さん：案外(あんがい)そうかもしれないよ。ほら。

658. 방금, 저 소나무에서 사츠키와 메이가 웃고 있는 것처럼 보였어요.

659. あんがいは NHK(1998)사전에는 あんがい쪽이 더 우세한 악센트 형으로 기재되어 있다.
659. 아마(의외로) 그럴지도 모르지. 저길 봐.

※ 『となりのトトロ』의 악센트는 저자가 애니메이션에 나오는 성우가 발음한 것을 여러 번 청취하고 판단하여, 그대로 표기하는데 충실 했고, 만약 발음이 동경 표준어 악센트가 아닌 경우에는 오른 쪽 설명 란에 표준어 악센트로 고쳐 기재해 두었다. 그리고 사투리도 표준어로 바꿔 놓았다.

● 参考文献

天沼寧・大坪一夫也(1978)『日本語音声学』くろしお出版
猪塚元・猪塚恵美子(1996)『日本語音声入門 －解説と演習－』バベル・プレス
─────────(2003)『日本語音声学のしくみ』研究社
王伸子・大島中正他(2004)『音声・文字・表記－日本語教師養成シリーズ3－』東京　法令出版
川上秦(1973)『日本語アクセント法』学書房
───(1986)『日本語音声概説』桜楓社
金田一春彦(1942)『日本語音韻の研究』東京堂出版国際交流基金日本語国際センター編(1988)『発音－教師用日本語教育ハンドブック６－』凡人社
窪薗春夫(2005)『音声学・音韻論』くろしお出版
小泉保(1996)『音声学入門』大学書林
小林法子(1987)『日本語アクセント教室』新水社
斎藤純男(2005)『日本語音声入門(改訂版)』三省堂
柴谷方良也(1984)『言語の構造－音声・音韻篇－』くろしお出版
田窪行則・前川喜久雄他(2004)『言語の科学2 音声』岩波書店
田代晃二(1988)『美しい日本語の発音－アクセントと表現－』創元社
田中春美・中村完他(1982)『言語学演習』大修館書店
田中春美他(1982)『言語学のすすめ』大修館書店
土岐哲也(1989)『発音・庁会 －外国人のための日本語例文・問題シリーズ12－』荒竹出版
中條修(1989)『日本語の音韻とアクセント』勁草書房
日本語教育学会編『日本語教育ハンドブック』大修館書店
文化庁(1987)『音声と音声教育－日本語教育指導参考書１－』大蔵省印刷局
文化庁・国立国語研究所(1982)『日本語と日本語教育－発音・表現編－』大蔵省印刷局
松崎寛・河野俊之(2004)『理解しやすい音声－日本語教師・分野別マスターシリーズ－』アルク
고수만(2004)『日本語의 音聲과 音韻』불이문화
민광준(2002)『일본어 음성학 입문』건국대학교 출판부
신지영(2000)『말소리의 이해』한국문화사
이기문 공저(1986)『國語音韻論』學研社

이향란(1995)「日本語における外来語アクセントの研究」東北大学大学院文学研究科, 博士学位論文
──── (2001)『악센트중심애니메이션日本語会話－となりのトトロ－』제이앤씨
──── (2004)「東京語における形容詞アクセントの変化」『日本語文學第23輯』韓國日本語文學會
──── (2005)「日本語における形容詞アクセントの実態調査－地方出身者の発音を中心に－」『日本文化學報第24輯』韓國日本文化學會
──── (2005)(공저)『일본어학 중요 용어사전743』제이앤씨
──── (2006)「韓国人日本語学習者における形容詞アクセントの実態調査」『日本文化學報第28輯』韓國日本文化學會
──── (2008)「日本語における外来語アクセント型の地域方言の差」『日本文化學報第36輯』韓國日本文化學會
──── (2009)「日本語アクセント核のずれの要因について－外来語の音韻的な要因を中心に－」『日本文化研究第29輯』동아시아일본학회
──── (2009)「日本語の外来語アクセントの特徴」『日本語文学第43輯』韓國日本語文學會
최광우(1992)『日本語教育音聲学－이론과 실제－』学士院

- **参考辞典**
  1. 秋永一枝(1958)『明解日本語アクセント辞典』三省堂
  2. 田中春美他共著(1988)『現代言語学辞典』成美堂
  3. 飛田良文編者(2007)『日本語学研究辞典』明治書院
  4. NHK編(1987, 1998)『日本語発音アクセント辞典』日本放送出版協会
  5. 日本音声学会編(1976)『音声学大辞典』三修社
  6. 日本語教育学会編(2005)『新版日本語教育事典』大修館書店